JN417837

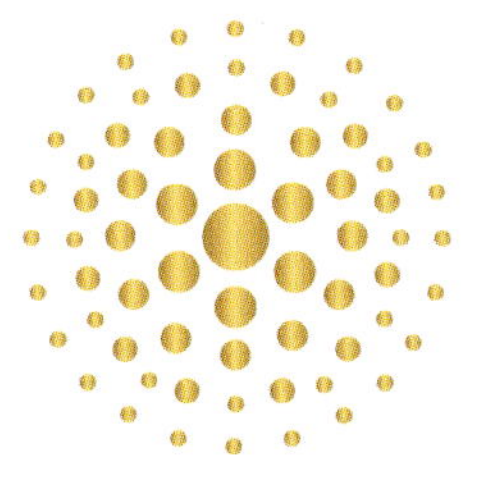

바로보인

전등록 傳燈錄

18

농선 대원 역저

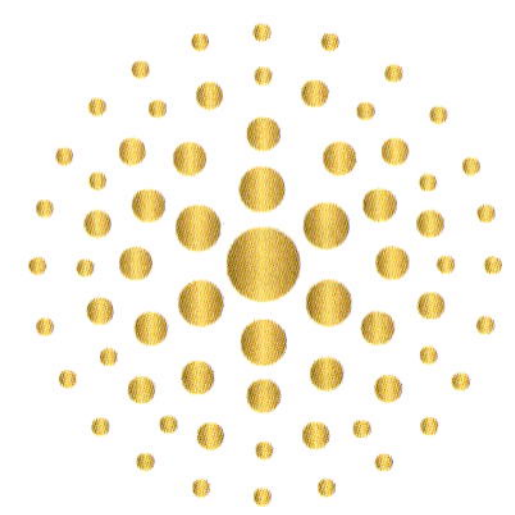

이 원상은 농선 대원 선사님께서 직접 그리신 것으로 모든 불성이 서로 상즉해 공존하는 원리를 담은 것이다.

선 심(禪心)

누리 삼킨 참나를
낙화(落花)로 자각(自覺)
떨어지는 물소리로 웃고 가는 길
돌에서 꽃에서도 님이 맞는다

정맥 선원의 문젠 마크는 농선 대원 선사님께서 마음을 상징하는 달(moon)과 그 마음을 깨달아 마음이 내가 된 삶인 선(zen)을 평화의 상징인 비둘기로 형상화하신 것이다.

교조 석가모니 부처님과
부처님으로부터 직계로 내려온
불조정맥 78대 조사들의
진영과 전법게

불조정맥

불조정맥이란 석가모니 부처님으로부터 현 78대 조사에 이르기까지 스승에게 깨달음의 인증인 인가를 받아 법을 전하라는 부촉을 받은 전법선사의 맥이다. 여기에 실린 불조진영과 전법게는 농선 대원 선사님께서 다년간 수집 정리하여 기도와 관조 끝에 완성하여 수립하신 것이다. 각 선사의 진영과 함께 실린 전법게는 스승으로부터 직접 전해 받은 게송이다. 단, 석가모니 부처님 진영에 실린 게송은 석가모니 부처님의 게송이다.

교조 석가모니 부처님

환화라고 하는 것 근본 없어 생긴 적도 없어서	幻化無因亦無生
모두가 스스로 이러-해서 본다 함도 이러-하네	皆則自然見如是
모든 법도 스스로 화한 남, 아닌 것이 없어서	諸法無非自化生
환화라 하지만 남이 없어 두려워할 것도 없네	幻化無生無所畏

제1조　마하가섭 존자

법이라는 본래 법엔 법이랄 것 없으나	法本法無法
법이랄 것 없다는 법, 그 또한 법이라	無法法亦法
이제 법이랄 것 없음을 전해줌에	今付無法時
법이라는 법인들 그 어찌 법이랴	法法何曾法

제2조　아난다 존자

법이란 법 본래의 법이라	法法本來法
법도 없고 법 아님도 없으니	無法無非法
어떻게 온통인 법 가운데	何於一法中
법 있으며 법 아닌 것 있으랴	有法有非法

제3조　상나화수 존자

본래의 법 전함이 있다 하나	本來付有法
전한 말에 법이랄 것 없다 했네	付了言無法
각자가 스스로 깨달으라	各各須自悟
깨달으면 법 없음도 없다네	悟了無無法

제4조　우바국다 존자

법 아니고 마음도 아니어서	非法亦非心
맘이랄 것, 법이랄 것 없나니	無心亦無法
마음이다, 법이다 설할 때는	說是心法時
그 법은 마음법이 아니로다	是法非心法

제5조　제다가 존자

마음이란 스스로인 본래의 마음이니	心自本來心
본래의 마음에는 법 있는 것 아니로다	本心非有法
본래의 마음 있고 법이란 것 있다 하면	有法有本心
마음도 아니요 본래 법도 아니로다	非心非本法

제6조 미차가 존자

본래의 마음법을 통달하면 通達本心法
법도 없고, 법 아님도 없도다 無法無非法
깨달으면 깨닫기 전과 같아 悟了同未悟
마음이니, 법이니 할 것 없네 無心亦無法

제7조 바수밀 존자

맘이랄 것 없으면 얻음도 없어서 無心無可得
설함에 법이라 이름할 것도 없네 說得不名法
만약에 맘이라 하면 마음 아님 깨달으면 若了心非心
비로소 마음인 마음법 안다 하리 始解心心法

제8조 불타난제 존자

가없는 마음으로 心同虛空界
가없는 법 보이니 示等虛空法
가없음을 증득하면 證得虛空時
옳고 그른 법이 없다 無是無非法

제9조 복타밀다 존자

허공이 안팎 없듯 虛空無內外
마음법도 그러하다 心法亦如此
허공이치 요달하면 若了虛空故
진여이치 통달하네 是達眞如理

제10조 파율습박(협) 존자

진리란 본래에 이름할 수 없으나 眞理本無名
이름에 의하여 진리를 나타내니 因名顯眞理
받아 얻은 진실한 법이라고 하는 것 受得眞實法
진실도 아니요, 거짓도 아니로세 非眞亦非僞

제11조 부나야사 존자

참된 몸 스스로 이러-히 참다우니	眞體自然眞
참됨을 설함으로 인해 진리란 것 있다 하나	因眞說有理
참답게 참된 법을 깨달아 얻으면	領得眞眞法
베풀 것도 없으며 그칠 것도 없다네	無行亦無止

제12조 아나보리(마명) 존자

미혹과 깨침이란 숨음과 드러남 같다 하나	迷悟如隱顯
밝음과 어둠이 서로가 여윌 수 없는 걸세	明暗不相離
이제 숨음이 드러난 법 부촉한다지만	今付隱顯法
하나도 아니요, 둘도 또한 아니로세	非一亦非二

제13조 가비마라 존자

숨었느니 드러났느니 하지만 본래의 법에는	隱顯卽本法
밝음과 어두움이 원래에 둘 아니라	明暗元不二
깨달아 마친 법을 전한다고 하지만	今付悟了法
취함도 아니요, 여읨도 아니로세	非取亦非離

제14조 나가르주나(용수) 존자

숨을 수도, 드러날 수도 없는 법이라 함	非隱非顯法
이것이 참다운 실제를 말함이니	說是眞實際
숨음이 드러난 법 깨달았다 하나	悟此隱顯法
어리석음도 아니요 지혜로움도 아니로다	非愚亦非智

제15조 가나제바 존자

숨었느니 드러났느니 하면 법에 밝다 하랴	爲明隱顯法
밝게 해탈의 이치를 설하려면	方說解脫理
저 법에 증득한 바도 없는 마음이어야 하니	於法心不證
성낼 것도 없으며 기쁠 것도 없다네	無嗔亦無喜

제16조　라후라타 존자

본래에 법을 전할 사람 대해	本對傳法人
해탈의 진리를 설하나	爲說解脫理
법엔 실로 증득한 바 없어서	於法實無證
마침도 비롯함도 없느니라	無終亦無始

제17조　승가난제 존자

법에는 진실로 증득한 바 없어서	於法實無證
취함도 없으며 여읨도 없느니라	不取亦不離
법에는 있다거나 없다는 상도 없거늘	法非有無相
안이니 밖이니 어떻게 일으키리	內外云何起

제18조　가야사다 존자

맘 바탕엔 본래에 남 없거늘	心地本無生
바탕의 인, 연을 좇아 일으키나	因地從緣起
연과 종자 서로가 방해 없어	緣種不相妨
꽃과 열매 그 또한 그러하네	華果亦復爾

제19조　구마라다 존자

마음의 바탕에 지닌 종자 있음에	有種有心地
인과 연이 능히 싹 나게 하지만	因緣能發萌
저 연에 서로가 걸림이 없어서	於緣不相礙
마땅히 난다 해도 남이 남 아니로세	當生生不生

제20조　사야다 존자

성품에는 본래에 남 없건만	性上本無生
구하는 사람 대해 설할 뿐	爲對求人說
법에는 얻은 바 없거늘	於法旣無得
어찌 깨닫고, 깨닫지 못함을 둘 것인가	何懷決不決

제21조 바수반두 존자

말 떨어지자마자 무생에 계합하면	言下合無生
저 법계와 성품이 함께 하리니	同於法界性
만일 능히 이와 같이 깨친다면	若能如是解
궁극의 이변 사변 통달하리	通達事理竟

제22조 마노라 존자

물거품과 환 같아 걸릴 것도 없거늘	泡幻同無礙
어찌하여 깨달아 마치지 못했다 하는가	如何不了悟
그 가운데 있는 법을 통달하면	達法在其中
지금도 아니요, 옛 또한 아니니라	非今亦非古

제23조 학륵나 존자

마음이 만 경계를 따라서 구르나	心隨萬境轉
구르는 곳마다 실로 능히 그윽함에	轉處實能幽
성품을 깨달아서 흐름을 따르면	隨流認得性
기쁠 것도 없으며 근심할 것도 없네	無喜亦無憂

제24조 사자보리 존자

마음의 성품을 깨달음에	認得心性時
사의할 수 없다고 말하나니	可說不思議
깨달아 마쳐서는 얻음 없어	了了無可得
깨달아선 깨달았다 할 것 없네	得時不說知

제25조 바사사다 존자

깨달음의 지혜를 바르게 설할 때에	正說知見時
깨달음의 지혜란 이 마음에 갖춘 바라	知見俱是心
지금의 마음이 곧 깨달음의 지혜요	當心卽知見
깨달음의 지혜가 곧 지금의 함일세	知見卽于今

제26조 불여밀다 존자

성인이 말하는 지견은	聖人說知見
경계를 맞아서 시비 없네	當境無是非
나 이제 참성품 깨달음에	我今悟眞性
도랄 것도, 이치랄 것도 없네	無道亦無理

제27조 반야다라 존자

맘 바탕에 참성품 갖췄으나	眞性心地藏
머리도, 꼬리도 없으니	無頭亦無尾
인연 응해 만물을 교화함을	應緣而化物
지혜라고 하는 것도 방편일세	方便呼爲智

제28조 보리달마 존자

마음에서 모든 종자 냄이여	心地生諸種
일(事)로 인해 다시 이치 나느니라	因事復生理
두렷이 보리과가 원만하니	果滿菩提圓
세계를 일으키는 꽃 피우리	華開世界起

제29조 신광 혜가 대사

내가 본래 이 땅에 온 것은	吾本來此土
법을 전해 중생을 구함일세	傳法救迷情
한 송이에 다섯 꽃잎 피리니	一花開五葉
열매 맺음 자연히 이뤄지리	結果自然成

제30조 감지 승찬 대사

본래의 바탕에 연 있으면	本來緣有地
바탕의 인에서 종자 나서 꽃핀다 하나	因地種華生
본래엔 종자가 있은 적도 없어서	本來無有種
꽃핀 적도 없으며 난 적도 없다네	華亦不曾生

제31조　대의 도신 대사

꽃과 종자 바탕으로 인하니　華種雖因地
바탕을 좇아서 종자와 꽃을 내나　從地種華生
만약에 사람이 종자 내림 없으면　若無人下種
남 없어 바탕에 꽃핀 적도 없다 하리　華地盡無生

제32조　대만 홍인 대사

꽃과 종자 성품에서 남이라　華種有生性
바탕으로 인해서 나고 꽃피우니　因地華生生
큰 연과 성품이 일치하면　大緣與性合
그 남은 나도 남 아니로세　當生生不生

제33조　대감 혜능 대사

정 있어 종자를 내림에　有情來下種
바탕 인해 결과 내어 영위하나　因地果還生
정이랄 것도 없고 종자랄 것도 없어서　無情既無種
만물의 근원인 도의 성품엔 또한 남도 없네　無性亦無生

제34조　남악 회양 전법선사

마음의 바탕에 모든 종자 머금어져　心地含諸種
널리 비 내림에 모두 다 싹트도다　普雨悉皆生
단박에 깨달아 정을 다한 꽃피움에　頓悟華情已
보리의 과위가 스스로 이뤄졌네　菩提果自成

제35조　마조 도일 전법선사

마음의 바탕에 모든 종자 머금어져　心地含諸種
비와 이슬 만남에 모두 다 싹이 트나　遇澤悉皆萌
삼매의 꽃핌이라 형상이 없거늘　三昧華無相
무엇이 무너지고 무엇이 이뤄지랴　何壞復何成

제36조　백장 회해 전법선사

마음 외에 본래에 다른 법이 없거늘	心外本無法
부촉함이 있다 하면 마음법이 아닐세	有付非心法
원래에 마음법 없음을 깨달은	旣知非法心
이러-한 마음법을 그대에게 부촉하네	如是付心法

제37조　황벽 희운 전법선사

본래에 말로는 부촉할 수 없는 것을	本無言語囑
억지로 마음의 법이라 전함이니	强以心法傳
그대가 원래에 받아 지닌 그 법을	汝旣受持法
마음의 법이라고 다시 어찌 말하랴	心法更何言

제38조　임제 의현 전법선사

마음의 법 있으면 병이 있고	病時心法在
마음의 법 없으면 병도 없네	不病心法無
내 부촉한 마음의 법에는	吾所付心法
마음의 법 있는 것 아니로세	不在心法途

제39조　흥화 존장 전법선사

지극한 도는 간택함이 없으니	至道無揀擇
본래의 마음이라 향하고 등짐이 없느니라	本心無向背
이 같음을 감당해 이으려는가?	便如此承當
봄바람에 곤한 잠을 더하누나	春風增瞌睡

제40조　남원 혜옹 전법선사

대도는 온통 맘에 있다지만	大道全在心
맘에 구함 있으면 그르치네	亦非在心求
그대에게 부촉한 자심의 도에는	付汝自心道
기쁨도 근심도 없느니라	無喜亦無憂

제41조 풍혈 연소 전법선사

나 이제 법 없음을 말하노니 我今無法說
말한 바가 모두 다 법 아니라 所說皆非法
법 없는 법 지금에 부촉하니 今付無法法
이 법에도 머무르지 말아라 不可住于法

제42조 수산 성념 전법선사

말한 적도 없어야 참법이니 無說是眞法
이 말함은 원래에 말함 없네 其說元無說
나 이제 말한 적도 없을 때 我今無說時
말함이라 말한들 말함이랴 說說何曾說

제43조 분양 선소 전법선사

예로부터 말함 없음 부촉했고 自古付無說
지금의 나 또한 말함 없네 我今亦無說
다만 이 말함 없는 마음을 只此無說心
모든 부처 다 같이 말한 바네 諸佛所共說

제44조 자명 초원 전법선사

허공이 형상이 없다 하나 虛空無形像
형상도, 허공도 아닐세 形像非虛空
내 부촉한 마음의 법이란 我所付心法
공도 공한 공이어서 공 아닐세 空空空不空

제45조 양기 방회 전법선사

허공이 면목이 없듯이 虛空無面目
마음의 상 또한 이와 같네 心相亦如然
곧 이렇게 비고 빈 마음을 卽此虛空心
높은 중에 높다고 하는 걸세 可稱天中天

제46조 백운 수단 전법선사

마음의 본체가 허공같아 心體如虛空
법 또한 허공처럼 두루하네 法亦遍虛空
허공 같은 이치를 증득하면 證得虛空理
법도 아니요, 공한 맘도 아니로세 非法非心空

제47조 오조 법연 전법선사

도에는 나라는 나 원래 없고 道我元無我
도에는 맘이란 맘 원래 없네 道心元無心
오직 이 나라 함도 없는 법으로 唯此無我法
나라 함 없는 맘에 일체하네 相契無我心

제48조 원오 극근 전법선사

참나에는 본래에 맘이랄 것 없으며 眞我本無心
참마음엔 역시나 나랄 것 없으나 眞心亦無我
이러-히 참답게 참마음에 일체되면 契此眞眞心
나를 나라 한들 어찌 거듭된 나겠는가 我我何曾我

제49조 호구 소륭 전법선사

도 얻으면 자재한 마음이고 得道心自在
도 얻지 못하면 근심이라 하나 不得道憂惱
본래의 마음의 도 부촉함에 付汝自心道
기쁨도, 근심도 없느니라 無喜亦無惱

제50조 응암 담화 전법선사

맑던 하늘 구름 덮인 하늘 되고 天晴雲在天
비 오더니 젖어있는 땅일세 雨落濕在地
비밀히 마음을 부촉함이여 秘密付與心
마음법이란 다만 이것일세 心法只這是

제51조 밀암 함걸 전법선사

부처님은 눈으로써 별을 보고	佛用眼觀星
난 귀로써 소리를 들었도다	我用耳聽聲
나의 함이 부처님의 함과 같아	我用與佛用
내 밝음이 그대의 밝음일세	我明汝亦明

제52조 파암 조선 전법선사

부처와 더불어 중생의 보는 것이	佛與衆生見
원래 근본 부처인데 금 그은들 바뀌랴	元本佛隔線
그대에게 부촉한 본연의 마음법에는	付汝自心法
깨닫고 깨닫지 못함도 없느니라	非見非不見

제53조 무준 사범 전법선사

내가 만약 봄이 없다 할 때에	我若不見時
그대 응당 봄이 없이 보아라	汝應不見見
봄에 봄 없어야 본연의 봄이니	見見非自見
본연의 마음이 언제나 드러났네	自心常顯現

제54조 설암 혜랑 전법선사

진리는 곧기가 거문고줄 같다는데	眞理直如絃
어떻게 침묵이나 말로 다시 할 것인가	何默更何言
나 이제 그대에게 공교롭게 부촉하니	我今善付囑
밝힌 마음 본래에 얻음이 없는 걸세	表心本無得

제55조 급암 종신 전법선사

사람에겐 미혹하고 깨달음이 본래 없는데	本無迷悟人
미했느니 깨쳤느니 제 스스로 분별하네	迷悟自家計
젊어서 깨달았다 말이나 한다면	記得少壯時
늙어서까지라도 깨닫지 못할 걸세	而今不覺老

제56조 석옥 청공 전법선사

이 마음이 지극히 광대하여 此心極廣大
허공에 비할 수도 없다네 虛空比不得
이 도는 다만 오직 이러-하니 此道只如是
밖으로 찾음 쉬어 받아 지녔네 受持休外覓

제57조 태고 보우 전법선사

지극히 큰 이것인 이 마음과 至大是此心
지극히 성스러운 이것인 이 법이라 至聖是此法
등불과 등불의 광명처럼 나뉨 없음 燈燈光不差
이 마음 스스로가 통달해 마침일세 了此心自達

제58조 환암 혼수 전법선사

마음 중의 본연의 마음과 心中有自心
법 중의 지극한 법을 法中有至法
내가 지금 부촉한다 하나 我今可付囑
마음법엔 마음법이라 함도 없네 心法無心法

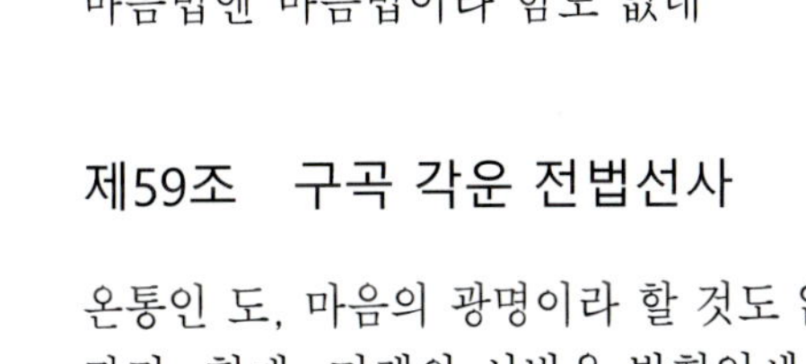

제59조 구곡 각운 전법선사

온통인 도, 마음의 광명이라 할 것도 없으나 一道不心光
과거, 현재, 미래와 시방을 밝힘일세 三際十方明
어떻게 지극히 분명한 이 가운데 何於明白中
밝음과 밝지 않음 있다고 하리오 有明有不明

제60조 벽계 정심 전법선사

나 지금 법 없음을 부촉하고 我無法可付
그대는 무심으로 받는다 하나 汝無心可受
전함 없고 받음 없는 맘이라면 無付無受心
누구라도 성취하지 못했다 하랴 何人不成就

제61조 벽송 지엄 전법선사

마음이 곧 깨달음의 마음이요	心卽能知心
법이 곧 깨달음의 법이라	法卽可知法
마음법을 마음법이라 전한다면	法心付法心
마음도, 법도 아닐세	非心亦非法

제62조 부용 영관 전법선사

조사와 조사가 법 없음을 부촉한다 하나	祖祖無法付
사람과 사람마다 본래 스스로 지님일세	人人本自有
그대는 부촉함도 없는 법을 받아서	汝受無付法
긴요히 뒷날에 전하도록 하여라	急着傳於後

제63조 청허 휴정 전법선사

참성품은 본래에 성품이라 할 것 없고	眞性本無性
참법은 본래에 법이라 할 것 없네	眞法本無法
법이니 성품이니 할 것 없음 깨달으면	了知無法性
어떠한 곳엔들 통달하지 못하랴	何處不通達

제64조 편양 언기 전법선사

법도 아니고 법 아님도 아니고	非法非非法
성품도 아니고 성품 아님도 아니며	非性非非性
마음도 아니고 마음 아님도 아님이	非心非非心
그대에게 부촉하는 궁극의 마음법일세	付汝心法竟

제65조 풍담 의심 전법선사

부처님이 전하신 꽃 드신 종지와	師傳拈花宗
내가 미소지어 보인 도리를	示我微笑法
친히 손수 그대에게 분부하니	親手分付汝
받들어 지녀 누리에 두루하게 하라	持奉遍塵剎

제66조 월담 설제 전법선사

깨달아선 깨달은 바 없으며	得本無所得
전해서는 전함 또한 없느니라	傳亦無可傳
전함도 없는 법을 부촉함이여	今付無傳法
동서가 온통한 하늘일세	東西共一天

제67조 환성 지안 전법선사

전하거나 받을 법이 없어서	無傳無受法
전하거나 받는다는 맘도 없네	無傳無受心
부촉하나 받은 바 없는 이여	付與無受者
허공의 힘줄마저 뽑아서 끊었도다	掣斷虛空筋

제68조 호암 체정 전법선사

연류에 따른 일단사여	沿流一段事
머리도 꼬리도 필경 없네	竟無頭與尾
사자새끼인 그대에게 부촉하니	付與獅子兒
사자후 천지에 가득케 하라	哨吼滿天地

제69조 청봉 거안 전법선사

서 가리켜 동에 그림이여	指西喚作東
풍악산의 뭇 봉우리로다	楓嶽山衆峰
불조의 이러한 법을	佛祖之此法
너에게 분부하노라	分付今日汝

제70조 율봉 청고 전법선사

머리도 꼬리도 없는 도리	無頭尾道理
오늘 그대에게 전해주니	今日傳授汝
이후로 보림을 살 하여서	此後善保任
영원히 끊어짐이 없게 하라	永遠無斷絶

제71조　금허 법첨 전법선사

그믐날 근원에 돌아간다 말했으나	晦日豫言爲還元
법신에 그 어찌 가고 옴이 있으랴	法身何有去與來
푸른 하늘 해 있고, 못 가운데 연꽃일세	日在靑天池中蓮
이 법을 분부하니 끊어짐이 없게 하라	此法分付無斷絶

제72조　용암 혜언 전법선사

'연꽃이 나왔다' 하여 보인 큰 도리를	示出蓮之大道理
다시 또 뜰 밑 나무 가리켜 보여서	復亦指示庭下樹
후일의 크고 큰일 그대에게 부촉하니	後日大事與咐囑
잘 지녀 보림하여 끊어짐 없게 하라	保任善持無斷絶

제73조　영월 봉율 전법선사

사느니 죽느니 이 무슨 말들인고	生也死也是何言
물밭엔 연꽃이고 하늘엔 해일세	水田蓮花在天日
가없이 이러-해서 감출 수 없이 드러남	無邊無藏露如是
오늘 네게 분부하니 끊어짐 없게 하라	今日分付無斷絶

제74조　만화 보선 전법선사

봄산과 뜬구름을 동시에 보아라	春山浮雲觀同時
중생들의 이익될 바 그 가운데 있느니라	普益衆生在其中
이 가운데 도리를 이제 네게 부촉하니	此中道理今付汝
계승해 끊임없이 번성케 할지어다	繼承無斷爲繁盛

제75조　경허 성우 전법선사

하늘의 뜬구름이 누설한 그 도리를	浮雲漏泄其道理
오늘날 선자에게 부촉하여 주노니	今日咐囑與禪子
철저하게 보림하여 모범을 보임으로	保任徹底示模範
후세에 끊어짐이 없게 할 맘, 지니게나	後世無斷爲持心

제76조　만공 월면 전법선사

구름과 달, 산과 계곡이라, 곳곳에서 같음이여	雲月溪山處處同
선가의 나의 제자 수산의 큰 가풍일세	叟山禪子大家風
은근히 무문인을 그대에게 분부하니	慇懃分付無文印
이 기틀의 방편이 활안 중에 있노라	一段機權活眼中

제77조　전강 영신 전법선사

불조도 전한 바 없어서	佛祖未曾傳
나 또한 얻은 바 없음을…	我亦無所得
가을빛 저물어 가는 날에	此日秋色暮
뒷산의 원숭이가 울고 있네	猿嘯在後峰

제78대　농선 대원 전법선사

부처와 조사도 일찍이 전한 것이 아니거늘	佛祖未曾傳
나 또한 어찌 받았다 하며 준다 할 것인가	我亦何受授
이 법이 2천년대에 이르러서	此法二千年
널리 천하 사람을 제도하리라	廣度天下人

부처님으로부터 직계로 내려온 불조정맥 제78대 농선 대원 선사님

농선 대원 전법선사의 3대 서원

오로지 정법만을 깨닫기 서원합니다.
입을 열면 정법만을 설하기 서원합니다.
중생이 다하는 그날까지 교화하기 서원합니다.

성불사 국제정맥선원 대웅전

성불사 국제정맥선원은

농선 대원 선사님께서 주석하시는 곳으로

대원 선사님의 지도하에 비구스님들이

직접 지은 도량이다.

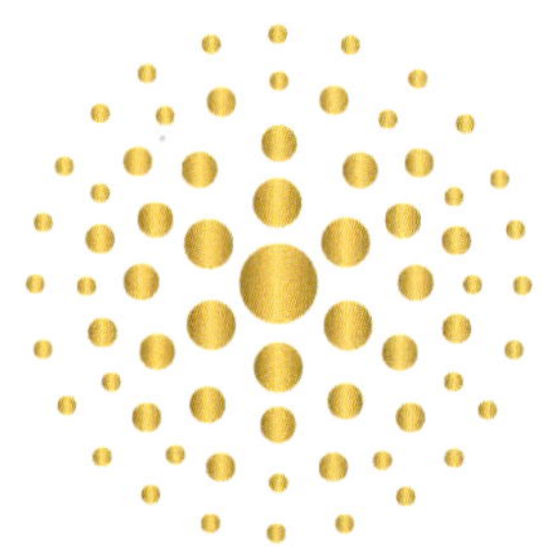

불교 8대 선언문

불교는 자신에게서 영생을 발견하게 한 유일한 종교이다.

불교는 자신에게서 모든 지혜를 발견하게 한 유일한 종교이다.

불교는 자신에게서 모든 능력을 발견하게 한 유일한 종교이다.

불교는 자신에게서 모든 것을 이루게 한 유일한 종교이다.

불교는 자신에게서 극락을 발견하게 한 유일한 종교이다.

불교는 깨달으면 차별 없어 평등하다는 유일한 종교이다.

불교는 모든 억압 없이 자신감을 갖게 한 유일한 종교이다.

불교는 그러므로 온 누리에 영원할 만인의 종교이다.

농선 대원 전법선사 주창

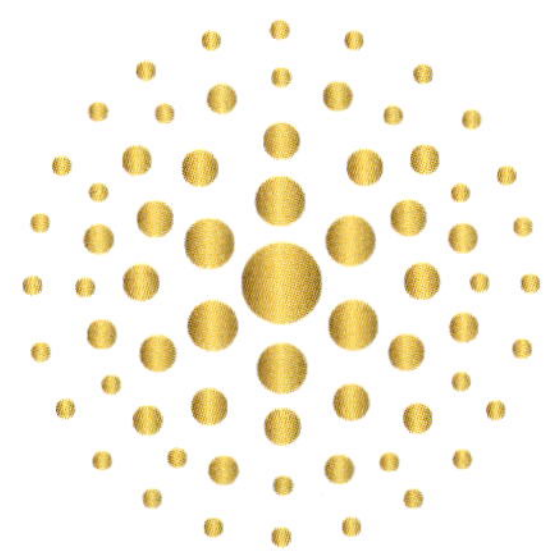

전세계의 불교계에서 통일시켜야 할 일

경전의 말씀대로 32상과 80종호를 갖춘 불상으로 통일해야 한다.

예불 드리는 법을 통일해야 한다.

불공의식을 통일해야 한다.

농선 대원 전법선사 주창

농선 대원 선사의 전등록 발간의 의의

선문(禪文)이란 말 밖의 말로 마음을 바로 가리켜 깨닫게 하여 그 깨달은 마음 바탕에서 닦아 불지(佛地)에 이르게 하는 문(門)이다. 그러기에 지식이나 알음알이로는 헤아려 알 수 없는 것이어서 깨달아 증득하여 일체종지(一切種智)를 이룬 이가 아니고는 그 요지를 바로 보아 이끌어 줄 수 없다.

지금 불교의 현실이 대본산 강원조차 이런 안목으로 이끌어 주는 선지식이 없어서 선종(禪宗) 최고의 공안집인 '전등록', '선문염송' 강의가 모두 폐강된 상황이다.

이에 대원 선사님께서는 불조(佛祖)의 요지가 말이나 글에 떨어져 생사해탈의 길이 단절되는 것을 염려하여 깨달음의 법을 선리(禪理)에 맞게 바로 잡는 역경 작업에 혼신을 다하고 계신다.

대원 선사님께서는 19세에 선운사 도솔암에서 활연대오한 후, 대선지식과의 법거량에서 한 치의 주저함도 없이 명쾌하게 응대하시니 당시 12대 선지식들께서 탄복해 마지않으셨다. 경봉 선사님과 조계종 지혜제일 전강 선사님과의 문답만을 보더라도 취모검과 같은 대원 선사님의 선지를 엿볼 수 있다.

맨 처음 통도사 경봉 선사님을 찾아뵈었을 때, 마침 늦가을 감나무에서 감을 따고 계신 경봉 선사님을 보자 감나무 주위를 한 번 돌고서 있으니, 경봉 선사님께서 물으셨다.

"어디서 왔는가?"

"호남에서 왔습니다."

"무엇을 공부했는가?"

"선을 공부했습니다."

"무엇이 선이냐?"

"감이 붉습니다."

"네가 불법을 아는가?"

"알면 불법이 아닙니다."

위의 문답이 있은 후 경봉 선사님께서는 해제 법문을 대원 선사님께 맡기셨으나 대원 선사님께서는 아직 그럴 때가 아니라 여겨져 그 이튿날인 해제일 새벽 직전에 통도사를 떠나와 버리셨다.

또 광주 동광사에서 처음 전강 선사님을 뵈었을 때, 20대 초면의 젊은 승려인 대원 선사님께 전강 선사님께서 대뜸 '달마불식 도리'를 일러보라 하셨다. 대원 선사님께서 아무 말없이 다가가 전강 선사님의 목에 있는 점 위의 털을 뽑아 버리고 종무소로 가니, 전강 선사님께서 "여기 사람 죽이는 놈이 있다."하며 종무소까지 따라오다 방장실로 돌아가셨다.

그 이후 대원 선사님께서 군산 은적사에서 전강 선사님을 시봉하며 모시고 계실 때, 전강 선사님께서 또 물으셨다.

"공적의 영지를 일러라."

"이러-히 스님과 대담합니다."

"영지의 공적을 일러라."

"스님과 대담에 이러-합니다."

"이러-한 경지를 일러라."

"명왕은 어상을 내리지 않고 천하일에 밝습니다."

대원 선사님의 답에 전강 선사님께서는 희색이 만면해서 고개를 끄덕이며 당신 처소로 돌아가셨다.

이에 그치지 않고 전강 선사님께서 대구 동화사 조실로 계실 때, 대원 선사님께 말씀하셨다.

"대중들이 자네를 산으로 불러내어 그 중에 법성(조계종 종정 진제스님)이 달마불식 도리를 일러보라 했을 때 '드러났다'라고 답했다는데, 만약에 자네가 양무제였다면 '모르오'라고 이르고 있는 달마 대사에게 어떻게 했겠는가?"

"제가 양무제였다면 '성인이라 함도 설 수 없으나 이러-히 짐의 덕화와 함께 어우러짐이 더욱 좋지 않겠습니까?'하며 달마 대사의 손을 잡아 일으켰을 것입니다."

그러자 전강 선사님께서 탄복하며 말씀하셨다.

"어느새 그 경지에 이르렀는가?"

"이르렀다곤들 어찌하며 갖추었다곤들 어찌하며 본래라곤들 어찌하리까? 오직 이러-할 뿐인데 말입니다."

대원 선사님의 대답에 전강 선사님께서 크게 기뻐하셨다.

이와 같이 대원 선사님께서는 20대 초반에 이미 어떤 선지식의 물음에도 전광석화와 같이 답하셨으며 그 법을 씀이 새의 길처럼 흔적 없는 가운데 자유자재하셨다.

깨달음의 방편에 있어서는 육조 대사께서 마주 앉은 자리에서 사람들을 깨닫게 하셨듯이, 제자들을 제접해 직지인심(直指人心)으로 스스로의 마음에 사무쳐 들게 하여 근기에 따라 보림해 갈 수 있도록 이끌어주시니, 꺼져가는 정법의 기치를 바로 일으켜 세움이라 하겠다.

또한 선지식이라면 이변(理邊)에서 뿐만이 아니라 사변(事邊)에서도 먼 안목으로 인류가 무엇을 어떻게 대비하며 살아가야 할지를 예언하고 이끌어 주어야 한다고 하셨다.

그래서 1962년부터 주창하시기를, 전 세계가 21세기를 '사막 경영의 시대'로 삼아 사막화된 지역에 '사막 해수로 사업'을 하여 원하는 지역의 기후를 조절해야 하고, 자원을 소모하는 발전소 대신 파도, 태양열, 풍력 등의 대체 에너지와 무한 원동기를 개발해야 한다고 하셨다. 또, 도로를 발전소화하여 전기를 생산하는 방법 등을 구체적으로 제안하시고, 천재지변을 대비하여 각자의 집에서 농사를 짓는 '울안의 농법'을 연구하시는 등 만인이 더 나은 삶을 살 수 있는 길을 끊임없이 일러 주고 계신다.

이와 같이 대원 선사님께서는 일체종지를 이룬 지혜로, '참나를 깨달아 마음이 내가 된 삶'을 위한 깨달음의 법으로부터 닥쳐오는 재난을 막고 지구를 가장 살기 좋은 세상으로 만드는 방편까지 늘 그 방향을 제시하고 계신다.

한편, 불교의 최고 경전인 '화엄경 81권'을 완간하여 불보살님의 불가사의한 화엄세계를 열어 보이셨으며, 선문 최대의 공안집인 '선문염송 30권' 1,463칙에 대하여 석가모니 부처님 이래 최초로 전 공안을 맑은 물 밑바닥 보듯이 회통쳐 출간하셨다.

이제 대원 선사님께서는 7불과 역대 조사들의 깨달음의 진수가 담긴 '전등록 30권'을 그런 혜안(慧眼)으로 조사마다 선리의 토끼뿔을 더해 닦아 증득할 수 있도록 밝혀 보이셨다. 그리하여 생사윤회길을 헤매는 중생들에게 해탈의 등불이 되고자 하셨으며, 불조(佛祖)의 정법이 후세에까지 끊어지지 않게 하여 부처님 은혜에 보답하고자 하셨다.

부처님 가신 지 오래 되어 정법은 약하고 삿된 법이 만연한 지금, 중생이 다하는 날까지 중생을 구제하기 서원하는 대원 선사님과 같은 명안종사(明眼宗師)가 계심은 불보살님의 자비광명이 이 땅에 두루한 은덕이라 하겠다.

바로보인 불법 ㊸

전傳 등燈 록錄

18

도서출판 문젠(구, 바로보인)은 정맥선원에서 운영하고 있습니다.

* 인제산(人濟山) 성불사(成佛寺) 국제정맥선원
  경기도 포천시 내촌면 소리개길 86-178 ☎ 031-531-8805
* 인제산(人濟山) 이룬절 포천정맥선원
  경기도 포천시 내촌면 소리개길 86-123 ☎ 031-531-2433
* 백양산(白楊山) 자모사(慈母寺) 부산정맥선원
  부산시 동래구 아시아드대로 114번길 10 대륙코리아나 2층 212호 ☎ 051-503-6460
* 자모산(慈母山) 육조사(六祖寺) 청도정맥선원
  경북 청도군 매전면 동산리 산 50 ☎ 010-4543-2460
* 광암산(光巖山) 성도사(成道寺) 광주정맥선원
  광주광역시 광산구 삼도광암길 34 ☎ 062-944-4088
* 대통산(大通山) 대통사(大通寺) 해남정맥선원
  전남 해남군 화산면 송계길 132-98 중정마을 ☎ 061-536-6366

바로보인 불법 ㊸

전 등 록 18

초판 1쇄 펴낸날 단기 4354년, 불기 3048년, 서기 2021년 12월 30일

역　　저 농선 대원 선사
펴 낸 곳 도서출판 문젠(Moonzen Press)
11192, 경기도 포천시 내촌면 소리개길 86-178
전화 031-534-3373 팩스 031-533-3387
신고번호 2010.11.24. 제2010-000004호

편집윤문출판 법심 최주희, 법운 정숙경
인디자인 전자출판 지일 박한재
한문원문대조 불장 곽병원
표 지 글 씨 춘성 박선옥
인　　　쇄 북크림

도서출판문젠 www.moonzenpress.com
정 맥 선 원 www.zenparadise.com
사막화방지국제연대(IUPD) www.iupd.org

값 15,000원
ISBN 978-89-6870-618-9
ISBN 978-89-6870-600-4 04220(전30권)

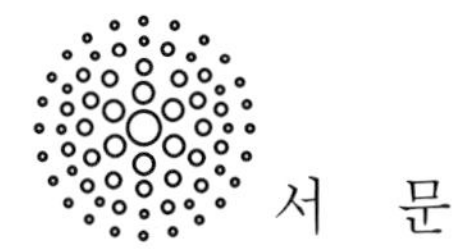

서 문

전등록은 말 없는 말이며 말 밖의 말이라서 학식이나 재치만으로는 번역이 실로 불가능한 일이다. 그러기에 육조단경(六祖壇經)을 보면 법화경을 삼천 번이나 독송한 법달(法達)은 글 한 자 모르시는 육조(六祖)께 경의 뜻을 물었고, 글을 모르시는 육조께서는 법화경의 바른 뜻을 설파하셔서 법달을 깨닫게 하신 것이다.

그런데 하루는 본인에게 법을 물으러 다니시던 부산의 목원 하상욱 본연님이 오셔서 시중에 나온 전등록 번역본 두세 가지를 보이시며 범인인 당신에게도 부처님과 조사님들의 본래 뜻에 맞지 않는 대문이 군데군데 눈에 뜨인다며 바른 의역의 필요성을 절감한다고 하셨다. 그 후로 전등록 번역을 바로 해주십사 하는 간청이 지극하여 비록 단문하나 이 일을 시작하게 되었다.

부처님과 조사님들의 근본 뜻에 어긋남이 없게 하기 위해 노력하였으나 약속한 기간 내에 해내기란 실로 벅찬 일이어서 혹시 미비한 점이 없지 않으리니 강호 제현의 좋은 지적이 있기를 바란다.

불법(佛法)이란 본자연(本自然)이라 누가 설(說)하고 누가 듣고 배울 자리요만 그렇지 못한 이가 또한 있어서 부처님과 조사님들의 허물이 생기는 것이다.

어떤 것이 부처인고?
화분의 빨간 장미니라.

이 가운데 남전(南泉) 뜰꽂 도리(道理)며 한산(寒山) 습득(拾得)의 웃음을 누릴진저.

단기(檀紀) 4354년
불기(佛紀) 3048년
서기(西紀) 2021년

무등산인 농선 대원 분향근서
(無等山人 弄禪 大圓 焚香謹書)

양억(楊億)의 경덕전등록 서문

석가모니께서 일찍이 연등 부처님의 수기를 받아, 현겁(賢劫)의 보처(補處)가 되어 이 땅에 탄강하시고 법을 펴서 교화하시기가 49년이었으니 방편과 진리, 돈오(頓悟)와 점수(漸修)의 문호를 여시고, 헤아릴 수 없이 많은 다양한 교법을 내려 주셨다.

근기(根機)에 따라 진리를 깨닫게 하신 데서 삼승(三乘)의 차별이 생겼으니, 사물에 접하는 대로 중생을 이롭게 하여 한량없는 중생을 제도하셨다. 그 자비는 넓고 컸으며 그 법식(法式)은 두루 갖추어져 있었다.

쌍림(雙林)에서 열반에 드실 때 가섭(迦葉)에게만 유촉하신 것이 차츰차츰 전하여 달마에 이르러서 비로소 문자를 세우지 않고 마음의 근원을 곧바로 보이게 되었으니, 차례를 밟지 않고 당장에 부처의 경지에 오르게 되어 다섯 잎[1]이 비로소 무성하고 천 개의 등불[2]이 더욱 찬란하여서, 보배 있는 곳에 이른 이는 더욱 많고, 법의 바퀴를 굴린 이도 하나가 아니었다.

부처님께서 부촉하신 종지와 정법안장(正法眼藏)이 유통되는 도리는 교리 밖에서 따로 행해지는 불가사의(不可思議)한 것이다.

태조(太祖)께서 거룩하신 무력으로 전란을 진압하신 뒤에 사찰을 숭상하여 제도의 문을 활짝 여셨고, 태종(太宗)께서 밝으신 변재로 비밀한 법을 찬술하시어 참된 이치를 높이셨으며, 황상(皇上)[3]께서 높으신 학덕으로 조사의 뜻을 이어 거룩한 가르침에 머릿말을 쓰셔 종풍(宗風)을 잇게 하시니, 구름 같은 문장이 진리의 하늘에 빛나고, 부처의 황금같은 설법

---

1) 다섯 잎 : 중국 선종의 2조 혜가로부터 6조 혜능에 이르는 다섯 조사를 말한다.

2) 천 개의 등불 : 중국에 선법(禪法)이 전해진 이후 등장한 수많은 견성도인들을 말한다.

3) 황상(皇上) : 송의 진종(眞宗)을 말한다.

이 깨달음의 동산에 펼쳐졌다.

대장경의 말씀에 비밀히 계합하고, 인도로부터의 법맥이 번창하니, 뭇 선행을 늘리는 이가 더욱 많아졌고, 요의(了義)[4]를 전하는 사람들이 간간이 나타나서 원돈(圓頓)의 교화가 이 지역에 퍼졌다.

이에 동오(東吳)의 승려인 도원(道原)이 선열(禪悅)의 경지에 마음을 모으고, 불법의 진리를 샅샅이 찾으며, 여러 세대의 조사 법맥을 찾고, 제방의 어록(語錄)을 모아 그 근원과 법맥에 차례를 달고, 말씀들을 차례차례 엮되, 과거 7불로부터 대법안(大法眼)의 문도에 이르기까지 무릇 52세대, 1,701인을 수록하여 30권으로 만들어 경덕전등록이라 하여 대궐로 가지고 와서 유포해 주기를 청하였다.

황상께서는 불법을 밖으로부터 보호하고자 하시고, 승려들의 부지런함을 가상히 여겨 마음가짐을 신중히 하고 생각을 원대히 하여 좌사간(左司諫) 지제고(知制誥) 양억(楊億)과 병부원외랑(兵部員外郎) 지제고(知制誥) 이유(李維)와 태상승(太常丞) 왕서(王曙) 등을 불러 교정케 하시니, 신(臣) 등은 우매하여 삼학(三學)[5]의 근본 뜻을 모르고 5성(五性)[6]의 방편에 어두우며, 훌륭한 번역 솜씨도 없고, 비야리 성에서 보인 유마 거사의 묵연(默然) 도리[7]에도 둔하건만 공손히 지엄하신 하명(下命)을 받들어 감히 끝내 사양하지 못하였다.

그 저술된 내용을 두루 살펴보면 대체로 진공(眞空)[8]으로써 근본을 삼고 있고, 옛 성인께서 도에 들던 인연을 서술할 때나 옛 사람이 진리를 깨달은 이야기를 표현할 때엔 근기와 인연의 계합함이 마치 활쏘기와 칼쓰기가 알맞는 것 같아 지혜가 갖추어진 데서 광명을 내어, 채찍 그림자만

---

4) 요의(了義) : 일을 다 마친 도리, 깨달아서 깨달음마저 두지 않는 경지를 말한다.

5) 삼학(三學) : 계(戒), 정(定), 혜(慧).

6) 5성(五性) : 법상종의 용어. 일체중생의 근기를 다섯 성품으로 나누어서 성불할 근기와 성불하지 못할 근기로 나누었다.

7) 유마 거사의 묵연 도리 : 유마 거사가 비야리성에서 그를 문병하러 온 문수보살과 법담을 할 때 잠자코 말이 없음으로 불이(不二)의 도리를 드러내 보인 일을 말한다.

8) 진공(眞空) : 색(色)이니 공(空)이니를 초월해서 누리는 경지.

보고도 달리는 말과 같은 상근기자(上根機者)들에게 널리 도움이 되고 있다.

후학(後學)들을 인도함에는 현묘한 진리를 드날리고 있고, 다른 이야기를 가져올 때에는 출처를 밝히고 있으며, 다듬어지지 않은 부분도 많으나 훌륭한 부분도 찾아볼 수 있었다. 모든 대사들이 대중에게 도리를 보일 때에 한결같은 소리로 펼쳐 보이고 있으니 영특한 이가 귀를 기울여 듣는다면 무수한 성인들이 증명한다 할 것이다. 개괄해서 들추어도 그것이 바탕이어서 한군데만 취해도 그대로가 옳다.

만일 별달리 더 붓을 댄다면 그 돌아갈 뜻을 잃을 것이다. 중국과 인도에서의 말이 이미 다르지 않은데 자칫하면 구슬에다 무늬를 새기려다 보배에 흠집을 낼 우려가 있기에, 이런 종류는 모두 그대로 두었다. 더욱이 일은 실제로 행한 것만을 취해 기록하여 틀림없이 잘 서술했으나 말이란 오래도록 남아 전해지는 까닭에 전혀 문장을 다듬지 않을 수는 없었다.

어떤 사연을 기록할 때엔 그 자취를 자세히 하였고 말이 복잡해지거나 이야기가 저속한 것이 있으면 모두 삭제하되 문맥이 통하게 하였다.

유교(儒教)의 대신이나 거사(居士)의 문답에 이르러 벼슬자리와 성씨가 드러난 이는 연대와 역사에 비추어 잘못을 밝히고, 사적(史籍)에 따라 틀린 점을 바로잡아 믿을 만한 전기가 되게 하였다.

만일 바늘을 던져 맞추듯 한 치의 어긋남 없이 도리를 밝히는 일이 아니거나, 번갯불이 치듯 빠른 기틀을 내보이는 일이 아니거나, 묘하게 밝은 참 마음을 보이는 일이 아니거나, 고(苦)와 공(空)의 깊은 이치를 조사(祖師)의 뜻 그대로 기술(記述)하는 일이 아니라면, 어떻게 등불을 전한다는 전등(傳燈)이라는 비유에 계합(契合)하는 그 극진한 공덕을 베풀 수 있었겠는가?

만일 감응(感應)한 징조만을 서술하거나 참문하고 행각한 자취만을 기록한다 할 것 같으면 이는 이미 승사(僧史)에 밝혀져 있는 것이니, 어째서 선가(禪家)의 말씀을 굳이 취하겠는가? 세대와 계보의 명칭을 남긴 것만이 아니라 스승과 제자가 이어지는 근거를 널리 기록하였다.

그러나 옛날 책에 실린 것을 보면 잘 다듬어지지 않은 내용을 수록하고 잘 다듬어진 것은 버린 일이 있는데, 다른 기록에 남아 있으면 해당하는 문장을 찾아 보완하고, 더욱 널리 찾아서 덧붙이기도 하였다. 또한 서문과 논설에 이르러 혹 옛 조사(祖師)의 문장이 아닌 것이 사이사이 섞이어 공연히 군소리가 되었으면 모두 간추려서 다 깎아버렸으니, 이같이 하여 1년 만에 일이 끝났다.

저희 신(臣)들은 성품과 식견이 우둔하고, 학문이 넓지 못하고, 기틀이 본래 얕고, 문장력은 부족하여 묘한 도리가 사람에게 달렸다고는 하나 마음에서 떠난 지 오래되고 깊은 진리를 나타내는 말이 세속에서 단절되어, 담벽을 마주한 듯 갑갑하게 지낸 적이 많았다. 과분하게도 추천해 주시는 은혜를 받았으나 아무 힘도 발휘하지 못했다. 편찬하는 일이 이미 끝났으므로 이를 임금님께 바친다. 그러나 임금님의 뜻에 맞지 않아, 임금님께서 거룩히 살펴보시는 데에 공연히 누만 끼치는 것이 아닌가 한다. 삼가 바친다.

한림학사조산대부행좌사간지제고동
수국사판사관사주국남양군개국후식읍
1천백호사자금어대신 양억 지음

景德傳燈錄序 昔釋迦文。以受然燈之夙記當賢劫之次補。降神演化四十九年。開權實頓漸之門。垂半滿偏圓之教。隨機悟理。爰有三乘之差。接物利生。乃度無邊之眾。其悲濟廣大矣。其軌式備具矣。而雙林入滅。獨顧於飲光。屈眴相傳。首從於達磨。不立文字直指心源。不踐楷梯徑登佛地。逮五葉而始盛。分千燈而益繁。達寶所者蓋多。轉法輪者非一。蓋大雄付囑之旨。正眼流通之道。教外別行不可思議者也。

聖宋啟運人靈幽贊。太祖以神武戡亂。而崇淨剎。闢度門。太宗以欽明禦辯。而述祕詮。暢真諦。皇上睿文繼志而序聖教繹宗風。煥雲章於義天。振金聲於覺苑。蓮藏之言密契。竺乾之緒克昌。殖眾善者滋多。傳了義者間出。圓頓之化流於區域。有東吳僧道原者。冥心禪悅。索隱空宗。披弈世之祖圖。采諸方之語錄。次序其源派。錯綜其辭句。由七佛以至大法眼之嗣。凡五十二世。一千七百一人。成三十卷。目之曰景德傳燈錄。詣闕奉進冀於流布。

皇上爲佛法之外護。嘉釋子之勤業。載懷重慎。思致悠久。乃詔翰林學士左司諫知制誥臣楊億。兵部員外郎知制誥臣李維。太常丞臣王曙等。同加刊削。俾之裁定。臣等昧三學之旨迷五性之方。乏臨川翻譯之能。懵毘邪語默之要。恭承嚴命。不敢牢讓。竊用探索匪遑寧居。考其論譔之意。蓋以真空爲本。將以述曩聖入道之因。標昔人契理之說。機緣交激。若拄於箭鋒。智藏發光。旁資於鞭影。

誘道後學。敷暢玄猷。而捃摭之來。徵引所出。糟粕多在。油素可尋。其有大士。示徒。以一音而開演。含靈聳聽。乃千聖之證明。屬概舉之是資。取少分而斯可。若乃別加潤色失其指歸。既非華竺之殊言。頗近錯雕之傷寶。如此之類悉仍其舊。況又事資紀實。必由於善敘。言以行遠。非可以無文。其有標錄事緣。縷詳軌跡。或辭條之紛糾。或言筌之猥俗。並從刊削。俾之綸貫。

至有儒臣居士之問答。爵位姓氏之著明。校歲歷以愆殊。約史籍而差謬。鹹用刪去。以資傳信。自非啟投針之玄趣。馳激電之迅機。開示妙明之真心。祖述苦空之深理。即何以契傳燈之喻。施刮膜之功。若乃但述感應之徵符。專敘參遊之轍跡。此已標於僧史。亦奚取於禪詮。聊存世系之名。庶紀師承之自然而舊錄所載。或掇粗而遺精。別集具存。當尋文而補闕。率加采擷。爰從附益。逮於序論之作。或非古德之文。問廁編聯徒增楦釀(楦釀二字出唐張燕公文集。謂冗長也)亦用簡別多所屏去。汔茲周歲方遂終篇。臣等性識媿於冥煩。學問慚於涉獵。天機素淺。文力無餘。妙道在人。雖刳心而斯久。玄言絕俗。固牆面以居多。濫膺推擇之私。靡著發揮之效。已克終於紬繹。將仰奉於清閒。莫副宸襟空塵睿覽。謹上。

翰林學士朝散大夫行左司諫知制誥同
修國史判史館事柱國南陽郡開國侯食邑
一千百戶賜紫金魚袋臣楊億 撰

승려 희위(希渭)의 경덕전등록 재발간사

호주로(湖州路) 도량산(道場山) 호성만세선사(護聖萬歲禪寺)의 늙은 중 희위(希渭)는 본관이 경원로(慶元路) 창국주(昌國州)이며 성은 동(董)씨다.

어릴 때부터 고향의 성에 있는 관음선사(觀音禪寺)에 가서 절조(絶照) 화상을 스승으로 삼았고, 법명(法名)을 받게 되어 자계현(慈溪懸) 개수(開壽)의 보광선사(普光禪寺)에 가서 용원(龍源) 화상에 의해 머리를 깎고 중이 되었다.

그대로 오대율사(五臺律寺)로 가서 설애(雪涯) 화상에게 구족계를 받은 뒤에 짐을 꾸려 서쪽으로 향해 행각을 떠나 수행을 하다가 나중에 다시 은사이신 용원 화상을 만나 이 산으로 옮겨 왔다.

스승을 따라 배움에 참여하고 이로움을 구한 지 벌써 여러 해가 되었다. 항상 스승의 은혜를 생각하면서도 갚을 기회가 없었다. 그런데 삼가 윗대로부터의 부처와 조사들을 수록한 경덕전등록 30권을 보니 7불로부터 법안(法眼)의 법사(法嗣)에 이르기까지 전부 52세대(世代)인데, 경덕(景德)에서 연우(延祐) 병진년에 이르기까지 317년이나 지나서 옛 판본이 다 썩어버려 남아있지 않기 때문에 후학들이 보고 싶어도 볼 수가 없었다. 이에 발심하여 다시 간행한다.

홀연히 내 고향에 있는 천성선사(天聖禪寺)의 송려(松廬) 화상이 소장하고 있던, 여산(廬山)의 은암(隱庵)에서 찍은 옛 책이 가장 보존이 잘 된 상태로 입수되었는데, 아주 내 마음에 들었다. 마침내 병진(丙辰)년 정월 10일에 의발 등속을 모두 팔아 1만 2천여 냥을 얻었다. 그날 당장에 공인(工人)에게 간행할 것을 명하여 조사의 도리가 세상에 유포되게 하였다. 이 책은 모두 36만 7천 9백 17자이다. 그해 음력 12월 1일에야 공인의 작업이 끝났다.

당장에 300부를 인쇄하여 전당강(錢塘江) 남북지역과 안중(安衆)지역[9]의 여러 명산(名山)의 방장(方丈)[10]과 몽당(蒙堂)[11]과 여러 요사(寮舍)[12]에 한 부씩을 비치케 하여 온 세상의 도를 분변(分辨)하는 참선납자(參禪衲子)들이 참구하기에 편하도록 하였다. 이를 잘 이용하여 사은(四恩)[13]을 갚고 아울러 삼유(三有)의 중생[14]에게도 도움이 되기 바란다.

대원(大元) 연우(延祐) 3년[15] 음력 12월 1일
늙은 중 희위(希渭)가 삼가 쓰고
젊은 비구 문아(文雅)가 간행을 감독하고
주지 비구 사순(士洵)이 간행하다.

9) 두 지역은 희위 스님의 고향인 호주(湖州)와 비교적 인접한 지역들이다.

10) 방장(方丈) : 절의 주지가 거처하는 방. 지금은 견성한 이가 아니더라도 주지를 맡고 있으나 그 당시에는 견성한 도인이라야 그 절의 주지를 맡았다. 따라서 방장에는 대체로 법이 높은 스님이 기거하는 경우가 대부분이었다.

11) 몽당(蒙堂) : 승사(僧寺)의 일에서 물러난 사람이 거처하는 방.

12) 요사(寮舍) : 절에서 대중이 숙식하는 방.

13) 사은(四恩) : 보시(布施), 자애(慈愛), 화도(化導), 공환(共歡)의 네가지 시은(施恩), 또는 부모(父母), 중생(衆生), 국왕(國王), 삼보(三寶)의 네가지 지은(知恩).

14) 삼유(三有)의 중생 : 욕계(慾界), 색계(色界), 무색계(無色界)의 삼계(三界)를 유전하는 미혹한 중생.

15) 서기 1316년.

차 례

서 문 35

양억(楊億)의 경덕전등록 서문 37

승려 희위(希渭)의 경덕전등록 재발간사 42

일러두기 46

18권 법계보 47

청원(青原) 행사(行思) 선사의 6세 법손(法孫) 49

복주(福州) 설봉(雪峯) 의존(義存) 선사의 법손 51

복주(福州) 현사(玄沙) 종일(宗一) 대사 51

복주(福州) 장경(長慶) 혜릉(慧稜) 선사 103

복주(福州) 대보산(大普山) 현통(玄通) 선사 122

항주(杭州) 용책사(龍册寺) 순덕(順德) 도부(道怤) 대사 125

복주(福州) 장생산(長生山) 교연(皎然) 선사 147

신주(信州) 아호산(鵝湖山) 지부(智孚) 선사 155
장주(漳州) 보은원(報恩院) 회악(懷岳) 선사 161
항주(杭州) 서흥(西興) 화도(化度) 오진(悟真) 사욱(師郁) 대사 166
복주(福州) 고산(鼓山) 흥성(興聖) 신안(神晏) 국사 171
장주(漳州) 융수(隆壽) 흥법(興法) 소경(紹卿) 대사 185
복주(福州) 선종원(僊宗院) 인혜(仁慧) 행도(行瑫) 대사 189
복주(福州) 연화산(蓮華山) 영복원(永福院) 초증(超證) 종엄(從弇) 대사 192
항주(杭州) 용화사(龍華寺) 진각(眞覺) 영조(靈照) 대사 197
명주(明州) 취암(翠巖) 영명(永明) 영참(令參) 대사 208

색인표 213

부록1 농선 대원 선사님 인가 내력 223
부록2 농선 대원 선사님 법어 231
부록3 21세기에 인류가 해야 할 일 259
부록4 가슴으로 부르는 불심의 노래 263

일러두기

1. 대만에서 펴낸 『경덕전등록(景德傳燈錄)』(宋釋道原 編, 新文豐出版公司, 民國 75년, 1986년)에 의거해서 번역했으며 누락된 부분 없이 완역하였다.
2. 농선 대원 선사가 각 선사장마다 선리의 토끼뿔을 더하여 닦아 증득하는데 도움이 되도록 하였다.
3. 뜻이 통하지 않는데도 오자가 아닐 때는 옛 한문 사전에서 그 조사 당시에 그 글자가 어떻게 쓰였는가를 찾아 번역하였다. 예를 들어 '還'자가 돌아올 '환'으로가 아니라 영위할 '영'으로 쓰여 뜻이 통한 경우에는 '영위하다' '누리다'로 의역하였다.
4. 선사들의 생몰연대는 여러 기록된 내용이 일치하지 않거나 미상으로 되어 있는 바가 많아, 각 선사 당시의 나라와 왕의 연대, 불교의 상황 등을 역사학자들이 전문적으로 연구하여 밝혀야 할 부분이 있기에, 이 책에서는 여러 자료와 연구 결과가 일치된 내용만을 주에서 표기하였다.
5. 첨가한 주의 내용은 불교에 대한 지식이 없는 이들도 선문답을 참구해 가는데 도움이 되도록 간략하게 달았으며, 주의 내용에 따라서는 사전적인 뜻보다는 선리(禪理)로서 그 뜻을 밝혀 마음에 비추어 참구할 수 있도록 하였다.

18권 법계보

길주(吉州) 청원산(靑原山) 행사(行思) 선사의 제6세 205인 중 14인

복주(福州) 설봉(雪峯) 의존(義存) 선사의 법손 14인

- 복주(福州) 현사(玄沙) 사비(師備) 선사
- 복주(福州) 장경(長慶) 혜릉(慧稜) 선사
- 복주(福州) 대보산(大普山) 현통(玄通) 선사
- 항주(杭州) 용책사(龍册寺) 도부(道怤) 선사
- 복주(福州) 장생산(長生山) 교연(皎然) 선사
- 신주(信州) 아호산(鵝湖山) 지부(智孚) 선사
- 장주(漳州) 보은(報恩) 회악(懷岳) 선사
- 항주(抗州) 서흥(西興) 화도(化度) 사욱(師郁) 선사
- 복주(福州) 고산(皷山) 신안(神晏) 국사
- 장주(漳州) 융수(隆壽) 소경(紹卿) 선사
- 복주(福州) 선종(僊宗) 행도(行瑫) 선사
- 복주(福州) 연화산(蓮華山) 영복(永福) 종엄(從弇) 선사
- 항주(杭州) 용화사(龍華寺) 영조(靈照) 선사
- 명주(明州) 취암(翠巖) 영명(永明) 영참(令參) 선사

(이상 14인은 본문에 기록되어 있다. 원주)

청원(青原) 행사(行思) 선사의 6세 법손(法孫)

복주(福州) 설봉(雪峯) 의존(義存) 선사의 법손

복주(福州) 현사(玄沙) 종일(宗一) 대사

종일 대사[1]는 법명은 사비(師備)이고, 복주 민현(閩縣) 사람으로 성은 사(謝)씨이다. 어릴 때부터 낚시질을 좋아하여 남대강(南臺江)에다 작은 배 하나를 띄워 놓고 여러 어부들과 어울려 놀았다.

당의 함통(咸通) 초에 이르러 나이 30세가 되자, 홀연히 세상이 싫어져서 배를 버리고 부용산(芙蓉山) 영훈(靈訓) 선사에게 가서 머리를 깎았다.

福州雪峯義存禪師法嗣。福州玄沙宗一大師。法名師備。福州閩縣人也。姓謝氏。幼好垂釣。泛小艇於南臺江狎諸漁者。唐咸通初年甫三十。忽慕出塵。乃棄釣舟。投芙蓉山靈訓禪師落髮。

---

1) 종일 대사(835 ~ 908).

예장(豫章)의 개원사(開元寺)에 가서 도현(道玄) 율사에게 구족계를 받은 뒤에, 베옷에 짚신을 신고 음식은 겨우 연명할 정도로만 먹으며 항상 종일토록 가만히 앉아 있으니, 대중이 모두 특이하게 여겼다.

설봉 의존과는 본래 사형 사제였으나 스승과 제자처럼 가까이 지냈는데, 설봉은 대사가 고행을 한다고 하여 두타(頭陀)라 불렀다.

어느 날 설봉이 물었다.

"어느 것이 사비두타인가?"

대사가 대답하였다.

"끝내 사람을 속이지는 않습니다."

다른 날 설봉이 불러 말하였다.

"사비두타는 어째서 두루 참문하러 떠나지 않는가?"

往豫章開元寺道玄律師受具。布衲芒屨食纔接氣。常終日宴坐。衆皆異之。與雪峯義存本法門昆仲而親近若師資。雪峯以其苦行呼為頭陀。一日雪峯問曰。阿那箇是備頭陀。對曰。終不敢誑於人。異日雪峯召曰。備頭陀何不遍參去。

대사가 말하였다.

"달마는 동토(東土)에 오지 않았고, 2조도 서천(西天)에 가지 않았습니다."

설봉이 그렇다고 여겼다.

그러다가 상골산(象骨山)에 대사와 같이 가서 힘을 합쳐 절을 지으니 참선하는 무리가 많이 모였다. 이에 대사도 설봉에게 입실하여 어려운 것을 묻고 아침저녁으로 문안을 하지 않은 적이 없었다.

또 『능엄경(楞嚴經)』을 보다가 마음 바탕을 깨달은 뒤로는 기틀에 응함이 민첩하고, 수다라[2]의 이치와 어긋남이 없었다. 제방에서 공부하던 이가 해결하지 못한 일이 있으면 반드시 대사에게 와서 물었으며, 설봉 화상과 같은 이가 따지고 물어도 양보하지 않았다. 이에 설봉이 말하였다.

"사비두타는 그야말로 다시 태어난 사람이다."

師曰。達磨不來東土二祖不往西天。雪峯然之。暨登象骨山乃與師同力締構。玄徒臻萃。師入室咨決罔替晨昏。又閱楞嚴經發明心地。由是應機敏捷與修多羅冥契。諸方玄學有所未決必從之請益。至若與雪峯和尚徵詰亦當仁不讓。雪峯曰。備頭陀其再來人也。

2) 수다라 : 계경(契經)이라는 말로, 십이부경(十二部經)의 하나.

어느 날 설봉이 법상에 올라 말하였다.

"이 일을 알고자 하는가? 마치 옛 거울이 경대에 걸려 있어 붉은 것이 오면 붉은 것을 나타내고, 푸른 것이 오면 푸른 것을 나타내는 것과 같다."

이때에 대사가 말하였다.

"홀연히 거울이 깨지면 어떠합니까?"

설봉이 말하였다.

"붉은 것도 푸른 것도 모두 나타나지 않는다."

대사가 말하였다.

"노화상의 발꿈치가 땅에 닿은 일이 없으십니다."

어느 날 대사가 법상에 올라 오랫동안 잠자코 있으니, 모든 대중들이 설법을 하지 않는다고 여겨서 일시에 제각기 돌아가 버렸다. 이에 대사가 꾸짖으며 말하였다.

一日雪峯上堂曰。要會此事猶如古鏡當臺胡來胡現漢來漢現。師曰。忽遇明鏡破時如何。雪峯曰。胡漢俱隱。師曰。老和尚脚跟猶未點地。師上堂時久。大衆盡謂不說法。一時各歸。師乃呵云。

"모두들 봐라. 모두 똑같구나. 하나도 지혜 있는 이가 없어서 그저 내가 두 조각 입술을 여닫는 것만 보면 모두들 모여와서 말을 찾고 뜻을 헤아리지만, 내가 진실하게 자기들을 위하는 것은 모두 알지 못하는구나. 이렇게 보기란 크게 어렵고 크게 어려우니라."

언젠가는 또 이렇게 말하였다.

"여러 선덕들이여, 여러분이 모두가 제방을 두루 다니다 돌아와서는 나에게 참선하고 도를 배운다 하는데, 특별한 것이 있어서인가, 그저 당연한 듯이 그렇게 이것저것 묻는 것인가? 만약 있다면 시험삼아 말해 봐라. 내가 그대들에게 옳고 그름을 증명해 주리라. '나는 다 안다'라고 할 것이 있겠는가? 만일 없다고 해도 뒤나 좇을 뿐임을 알아야 한다. 그대들이 이미 여기에 왔으니, 내가 이제 그대들에게 물으리라.

看總是一様底。無一箇有智慧。但見我開遮兩片皮。盡來簇著覓語言意度。是我真實為他。却總不知。看恁麼大難大難。師有時云。諸禪德汝諸人盡巡方行脚來。稱我參禪學道。為有奇特去處。為當只恁麼東問西問。若有試通來我為汝證明是非。我盡識得。還有麼。若無當知只是趁讀。是汝既到遮裏來。我今問汝。

그대들 모두는 안목을 가지고 있는가? 있다면 지금 당장에 알아야 한다. 알겠는가? 만일 알지 못한다면 지금부터 내가 눈이 멀고 귀가 먹은 사람이라고 불러야겠다. 그래야 옳겠는가? 이렇게 말해도 좋겠는가?

선덕들이여, 그렇다고 스스로가 못난 체하지도 말라. 그대들은 진실하거늘 어찌 그런 사람이겠는가? 시방의 모든 부처님들이 그대를 정수리에 올려놓으려 하는 것이니, 조금도 잘못 알지 말라. 다만 이 도리는 오직 스스로 알아야 한다. 알겠는가?

지금까지 전해 받은 이들이 모두가 석가의 도리를 이어왔다 하지만, 나는 석가와 동참했다고 말한다. 그대들은 누구와 동참했다고 하겠는가? 알겠는가?

퍽 어려운 일이니 크게 깨닫지 않고서는 알았다고도 하지 말라. 만일 깨달은 바에 한계가 있다면 역시 능히 이루지 못한 것이니, 그대들은 크게 깨달았다 하겠는가?

汝諸人還有眼麼。若有即今便合識得。還識得麼。若不識便被我喚作生盲生聾底人。還是麼。肯恁麼道麼。禪德亦莫自屈。是汝真實何曾是恁麼人。十方諸佛把汝向頂上著。不敢錯誤著一分子。只道此事唯我能知。會麼。如今相紹繼盡道承他釋迦。我道釋迦與我同參。汝道參阿誰。會麼。大不容易知。莫非大悟始解得知。若是限劑所悟亦莫能覯。汝還識大悟麼。

그대들은 해골이 앞을 향한 앎이어서 저 거울같이 비추는 것이라고도 말라. 그대들은 공(空)이니 무(無)니, 이쪽이니 저쪽이니, 세간법(世間法)이니 온통인 것은 세간법이 아니니 하지도 말라.

화상(和尙)들아, 허공도 오히려 미망의 환(幻)으로 인해서 생겼거늘, 지금 만일 크게 긍정한다면 어느 곳에 그런 말이 있을 수 있으랴. 허공이라는 소식도 없거늘, 어느 곳에 삼계와 업의 차례와 부모의 인연으로 났다는 것과 너라는 것에 앞뒤가 서겠는가? 만일 지금 없다고 하여도 오히려 미친 말이거늘 어찌 하물며 있다 하겠는가? 알겠는가?

그대들은 오랫동안 행각한 화상들인데, 깨달은 일이 있다 하니 내가 이제 그대들에게 묻겠다. 산봉우리 벼랑에 사람의 자취가 없는 곳에도 불법이 있는가? 판단할 수 있겠는가? 만일 판단할 수 없다면 마쳤다 할 수 없다.

不可是汝向髑髏前認他鑒照。不可是汝說空說無說。遮邊那邊有世間法。有一箇不是世間法。和尚子虛空猶從迷妄幻生。如今若是大肯去何處有遮箇稱說。尚無虛空消息。何處有三界業次父母緣生與汝樁立前後。如今道無尚是誑語。豈況是有。知麼。是汝多時行脚和尚子。稱道有覺悟底事。我今問汝。只知[3]巓山巖崖迥絕人處。還有佛法麼。還裁辨得麼。若辨不得卒未在。

3) 知가 송, 원나라본에는 如로 되어 있다.

내가 항상 말하기를 '죽은 승려 낯 앞이 바로 눈에 닿은 보리요, 만 리의 신기로운 광채가 정수리 뒤의 모습이라.'라고 했으니, 만약 그대들이 보았다면 음계(陰界)를 벗어나 거리낌이 없을 것이요, 그대들은 해골 앞의 뜻이니 생각이니 하는 것까지도 모두 벗어났으리라.

다만 그대들은 진실하게 체득한 사람이거늘, 어느 곳에 다른 한 법이 그대들을 가리우고 덮을 수 있으랴. 알겠는가? 믿겠는가? 알아서 긍정하겠는가? 크게 모름지기 노력하라."

대사가 또 말하였다.

"내가 이제 그대들에게 묻건대, 어떤 일을 이어받았으며 어느 세계에 안신입명(安身立命) 하겠는가? 판단할 수 있겠는가? 만일 판단할 수 없다면 마치 눈을 비벼 허공에 꽃이 생기는 것과 같아서 보는 일마다 곧 어긋날 것이다. 알겠는가?

我尋常道。亡僧面前正是觸目菩提。萬里神光頂後相。若人覰得。不妨出得陰界。脫汝髑髏前意想都來。只是汝真實人體。何處更別有一法解蓋覆汝。知麼。還信得麼。解承當得麼。大須努力。師又云。我今問汝諸人。且承得箇什麼事。在何世界安身立命。還辨得麼。若辨不得恰似揑目生華。見事便差。知麼。

지금 눈앞에 산하대지(山河大地)와 물체, 허공, 밝음, 어두움 따위 갖가지 모든 물건이 있음을 보는 것은 모두가 미치고 헛되이 애쓰다 생긴 허공꽃 모습이어서 전도된 지견(知見)이라 부른다.

무릇 출가한 사람은 마음을 알고 근본을 통달해야 사문이라 할 수 있다. 그대들이 이제 머리를 깎고 옷을 입고 사문의 상을 갖추었다면 응당 자리(自利)와 이타(利他)를 베풀어야 한다. 지금 보는 데만 집착해서 모두 캄캄하기가 먹물과 같다면 스스로도 구제하지 못한 것이거늘, 어찌 남을 해결해 줄 수 있다고 하리오.

인자들이여, 불법의 인연의 일이 크니, 헛되이 머리를 모으고 쓸모없는 말을 어지러이 지껄이면서 세월을 보내지 말아야 한다. 세월은 잡기 어려우니 소중히 여겨라.

대장부들이 어찌하여 스스로가 '이 무엇인가?'라는 일을 살피지 않는가?

如今現前見有山河大地色空明暗種種諸物。皆是狂勞華相。喚作顛倒知見。夫出家人識心達本。故號沙門。汝今既已剃髮披衣為沙門相。即合有自利利他分。如今看著盡黑漫漫地。如黑汁相似。自救尚不得。爭解為得他人。仁者佛法因緣事大。莫作等閑相聚頭亂說雜話趁謴過時。光陰難得。可惜許。大丈夫兒何不自省察。看是什麼事。

위로부터의 종풍(宗風)은 모두가 불정족(佛頂族)[4]이라고 하는데, 그대들이 긍정하지 못하기에 내가 방편으로 그대들을 다만 가섭의 문하에 들어가서 단박에 초월하라고 권고하는 것이다.

이 한 문(門)은 그대들에게 범인과 성인과 인과를 초월하게 하고, 비로자나의 묘장엄세계(妙莊嚴世界)까지도 초월하게 하며, 석가의 방편문을 초월하게 하여, 지금부터 영원한 미래까지 한 물건도 그대들이 보았다고 할 수 없게 가르치거늘, 어찌하여 급히 궁구하여 취하지 않는가? 3생이나 2생 동안 정업(淨業)을 더 쌓으려고 할 필요가 없다.

인자들이여, 그대들의 종승(宗乘)은 어떤 일이겠는가? 그대들의 몸과 마음으로 공부하고 장엄하면 된다고 여기지 말고, 타심통과 숙명통으로 된다고 여기지도 말라. 알겠는가?

只如從上宗風。是諸佛頂族。汝既承當不得。所以我方便勸汝。但從迦葉門接續頓超去。此一門超汝凡聖因果。超他毘盧妙莊嚴世界海。超他釋迦方便門。直下永劫不教有一物與汝作眼見。何不急急究取。未必道我且待三生兩生久積淨業。仁者。汝宗乘是什麼事。不可由汝身心用工莊嚴便得去。不可他心宿命便得法。會麼。

4) 불정족(佛頂族) : 항상 체성을 여의지 않고 사는 이. 곧 부처와 조사.

설사 석가가 세상에 나타나서 허다한 변화를 일으키고, 십이분교를 설하기를 병의 물을 붓는 것과 같이 하여 한마당 불사를 크게 이룰지라도, 그대들의 이 문중에서는 한 점도 쓰지 못하고 한 터럭의 재주도 쓰지 못한다. 알겠는가?

꿈같고 잠꼬대와도 같으니 사문들이여, 얻으려 하지 말라. 분명하게 깨달아 알아서 벗어나라. 알겠는가? 깨달아 알면 그것이 큰 해탈이며 큰 벗어남이다.

그러므로 범부와 성인을 초월하고 생과 사를 벗어나며, 인과를 여의고 비로자나와 석가를 초월해서, 범부니 성인이니 인과니 하는 속임을 받지 않는다고 했는데, 모든 곳에서 깨달아 아는 사람이 없으니, 그대들은 알겠는가? 오랫동안 생사의 애욕에 연연하고 선악의 업에 얽매여 자유로움이 없다고 말라.

只如釋迦出頭來。作如許多變弄說十二分教。如瓶灌水。大作一場佛事。向汝此門中用一點不得。用一毛頭伎倆不得。知麼。如同夢事。亦如寱語。沙門不應得。出頭來蓋為識得。知麼。識得即是大出脫大出頭。所以道超凡越聖。出生離死離因離果。超毘盧越釋迦。不被凡聖因果所謾。一切處無人識得。汝知麼。莫只長戀生死愛網。被善惡業拘將去。無自由分。

설사 그대들이 몸과 마음을 연마하여 허공과 같이 하고, 그대들이 정미롭고 밝고 맑아서 흔들리지 않는 곳에 이르렀다 하더라도, 식음(識陰)을 벗어나지 못한다. 옛사람이 급히 흐르는 물과 같다고 했으니, 급한 흐름을 깨닫지 못하면 허망된 것을 편안함과 청정함으로 삼는다. 그렇게 수행하면 모두가 윤회(輪迴)를 벗어나지 못하여 전과 같이 윤회하게 되리라. 그러므로 모든 행이 무상하다고 하느니라.

삼승의 공과(功果)가 이처럼 두려운 것이어서 도의 안목이 없으면 구경(究竟)을 이루지 못하니, 어찌해야 오늘의 박지범부(博地凡夫)로부터 한 터럭의 공력도 들이지 않고 모두 벗어나겠는가? 마음의 지혜로 살펴 알겠는가? 기꺼이 원하는가? 지금 그 자리에서 당장 성취하기를 그대들에게 권하니, 그대들이 공력을 더하고 행을 연마할 필요가 없다. 지금 그렇지 않다면 다시 언제를 기다리랴. 긍정하고, 긍정하는가?”

饒汝鍊得身心同空去。饒汝得到精明湛不搖處。不出他識陰。古人喚作如急流水。流急不覺妄為澹淨。恁麼修行。盡不出他輪迴際。依前被輪轉去。所以道。諸行無常。直是三乘功果如是可畏。若無道眼亦不為究竟。何如從今日博地凡夫。不用一毫工夫便頓超去。解省心力麼。還願樂麼。勸汝我如今立地待汝覯去。不用汝加功鍊行。如今不恁麼更待何時。還肯麼。還肯麼。

대사가 어느 날 법상에 올라 말하였다.

"그대들의 진실함이 이렇구나."

또 어느 때 이렇게도 말하였다.

"달마가 지금 있는데 그대들은 보는가?"

또 이렇게 말하였다.

"그대들이 험악함이 있음을 보고, 범과 칼 따위 온갖 일이 그대들의 몸과 목숨을 핍박한다고 하면서 무한한 두려움을 내나, 이렇게 한들 무엇 하랴.

마치 세간의 어떤 화가가 스스로 지옥의 변상(變相)을 그리되, 범과 칼 따위를 벌여놓고 자세히 보다가는 도리어 스스로 두려운 생각을 내는 것과 같이, 그대들도 또한 그렇다. 백 가지 소견이 모두 그대들 스스로가 허망하게 내어서 스스로 두려워하는 것이니, 결코 딴 사람이 그대들을 그르치게 하는 것이 아니다.

그대들이 이 허황된 미혹을 깨닫고자 하면 다만 그대들의 금강의 눈을 알아야 한다.

師有時上堂謂衆曰。是汝真實如是。又有時云。達磨如今現在。汝諸人還見麼。師云。是諸人見有險惡。見有大蟲刀劍諸事逼汝身命。便生無限怕怖。如似什麼。恰如世間畫師一般。自畫作地獄變相。作大蟲刀劍了。好好地看了却自生怕怖。汝今諸人亦復如是。百般見有。是汝自幻出自生怕怖。亦不是別人與汝為過。汝今欲覺此幻惑麼。但識取汝金剛眼睛。

만일 알아 얻었다면 그대들이 털끝만큼도 드러남을 얻었다고도 못할 것인데, 어디에 그대들을 두렵게 할 호랑이와 칼 따위가 있으랴. 설사 석가의 재주로도 빠져나갈 곳을 찾지 못할 것이다.

그러므로 내가 그대들에게 말하기를 '사문의 안목은 세계를 잡아 안정시키고, 건곤을 덮어 씌워서 털끝만큼도 샘〔漏〕이 없다.'라고 한 것이니, 어디에 다시 한 물건이라도 그대들의 지견이 되어줄 것이 있으리오. 알겠는가? 이러-히 초월하였고, 이러-히 특별하거늘 어째서 궁구하지 않는가?"

대사는 또 말하였다.

"그대들은 모두가 큰 바다 속에 머리까지 전부 빠져 있으면서 다시 손을 벌려 남에게 물을 달라 하는 것과 같다. 알겠는가? 반야를 배우는 보살은 큰 근기이며, 큰 지혜 있는 이라야 한다.

若識得。不曾教汝有纖塵可得露現。何處更有虎狼刀劍解憎嚇得汝。直至釋迦如是伎倆。亦覓出頭處不得。所以我向汝道。沙門眼把定世界函蓋乾坤不漏絲髮。何處更有一物為汝知見。知麼。如是出脫。如是奇特。何不究取。師云。汝諸人如似在大海裏坐。沒頭水浸却了。更展手問人乞水喫。還會麼。夫學般若菩薩。是大根器有大智慧始得。

만일 지혜가 있으면 지금 당장에 해탈하겠지만, 만일 근기가 둔한 이라면 모름지기 인내해서 밤낮을 가리지 않고 밥도 피로도 잊은 채 부모의 초상을 당한 것 같이 해야 한다. 이렇게 일생 동안 최선을 다하고, 또 남의 도움을 받아 뼈에 사무치게 궁구하면 깨닫기 어렵지 않으리라.

항차 요즘 사람들이 누가 이러한 가르침을 감당하겠는가? 그대들은 말만을 기억하여 마치 다라니를 외우는 것처럼 하거나, 멈칫멈칫 제자리에서 중얼중얼하다가 사람들이 잡아 세워 따져 물어서 갈 곳이 없어지면, 곧 화를 내며 화상이 내가 대답할 정도로 가르치지 않았다고 말한다. 이렇게 배우면 퍽 괴로운 일이다. 알겠는가?

또 어떤 이는 항상 승상(繩床)에만 앉아 선지식이라 하면서 누가 물으면 손과 몸을 흔들거나 눈을 껌벅이거나 혀를 내거나 눈을 부릅뜬다.

若有智慧。即今便得出脫。若是根機遲鈍。直須勤苦忍耐。日夜忘疲失食。如喪考妣相似。恁麼急切盡一生去。更得人荷挾。剋骨究實。不妨亦得覯去。且況如今誰是堪任受學底人。仁者莫只是記言記語恰似念陀羅尼相似。蹋步向前來。口裏哆哆啝啝地。被人把住詰問。著沒去處。便瞋道和尚不為我答話。恁麼學事大苦。知麼。有一般坐繩床和尚稱為善知識。問著便動身動手點眼吐舌瞪視。

또 어떤 이는 '소소영영(昭昭靈靈)한 지혜의 성품이 능히 보고 들을 수 있어 오온의 몸속에서 주인이 된다.'라고 하는데, 이런 선지식은 사람을 크게 속이는 것이다. 알겠는가?

내가 그대들에게 묻겠는데, 그대들이 만일 소소영영을 알아서 그대들의 진실이라 할 것 같으면 어째서 잠잘 때는 소소영영하지 못한가? 만일 잠잘 때에 소소영영하지 못하다면 어찌 소소영영할 때가 있다 하랴. 그대들은 알겠는가? 그런 이들은 도적을 아들로 잘못 아는 것이다. 이것이 생사의 근본이며 망상의 연기(緣氣)이다.

그대들은 이 근원을 알고자 하는가? 내가 그대들에게 이르니, 그대들의 소소영영은 다만 눈앞의 경계인 빛, 소리, 냄새 등의 법으로 인하여 분별이 생긴 것을 소소영영이라 할 뿐인데, 만일 눈앞의 경계가 없다면 그대들의 소소영영은 거북이의 털이나 토끼의 뿔과 같을 뿐이다. 그대들의 진실은 어디에 있겠는가?

更有一般便說。昭昭靈靈靈臺智性能見能聞。向五蘊身田裏作主宰。恁麼為善知識大賺人。知麼。我今問汝。汝若認昭昭靈靈是汝真實。為什麼瞌睡時又不成昭昭靈靈。若瞌睡時不是為什麼有昭昭時。汝還會麼。遮箇喚作認賊為子。是生死根本妄想緣氣。汝欲識此根由麼。我向汝道。汝昭昭靈靈。只因前塵色聲香等法而有分別。便道此是昭昭靈靈。若無前塵汝此昭昭靈靈同於龜毛兔角。仁者。真實在什麼處。

그대들이 이제 이 오온으로 된 몸속에서 벗어나 주인이 되고자 하면, 다만 그대들의 비밀한 금강체(金剛體)를 알아야 한다.

옛사람이 그대들을 향해 말하기를 '원만히 성취되고 바르게 두루해서 항하사 세계에 두루했다.'라고 하였는데, 내가 이제 그대들에게 조금 말하리니 지혜 있는 이는 비유에 의하여 깨달아라.

그대들은 이 남섬부주(南贍部洲)[5)]의 해를 보았는가? 세간 사람들이 하는 경영과 몸 수양과 생활 따위의 갖가지 심행과 작업이 모두가 햇빛을 받아서 이루어지지 않은 것이 없는데, 저 해에도 허다한 일과 마음씨가 있는가? 두루하지 않은 곳이 있는가?

금강체를 알고자 하면 이러하다. 지금의 산하대지, 시방국토, 물체, 허공, 밝음, 어두움, 그대들의 몸과 마음 모두가 그대들의 원만한 위광(威光)을 받아 이루어지지 않은 것이 없다.

汝今欲得出他五蘊身田主宰。但識取汝祕密金剛體。古人向汝道。圓成正遍。遍周沙界。我今少分為汝。智者可以譬喻得解。汝見此南閻浮提日麼。世間人所作興營養身活命種種心行作業。莫非承他日光成立。只如日體還有多般及心行麼。還有不周遍處麼。欲識此金剛體亦如是。只如今山河大地十方國土色空明暗及汝身心。莫非盡承汝圓成威光所現。

5) 남섬부주(南贍部洲) : 사주(四州)의 하나. 수미산 남쪽에 있다는 대륙으로 인간들이 사는 세계.

또 하늘과 인간 따위의 뭇 생명들이 자신들이 지은 업의 차례에 따라 생을 받고 과보를 받는 일과 성품 있는 이와 무정물들까지라도 모두가 그대들의 위광을 받지 않은 것이 없으며, 나아가 모든 부처님들이 불도를 이루신 뒤에 과위를 이루어 중생을 제도한다지만, 결국은 그대들의 위광으로 다 받아들이지 않는 것이 없다. 금강체에 범부니 모든 부처니 하는 것이 있겠는가? 그대들의 마음과 행하는 것이 있겠는가?

혼연하여 구별이 없는 만물의 근원이 되는 도를 얻었다고도 말아야 한다. 알겠는가?

그대들에게는 이미 이러-히 기특하고 밝은 출신처(出身處)가 있는데도, 어찌 밝혀 취하지 않고 그저 오온의 몸이나 귀신의 굴속에서 살림을 하다가 스스로에게 속는가? 홀연히 무상살귀(無常殺鬼)가 닥쳐와서 눈을 부릅뜨면 몸과 목숨으로 갖는 소견으로는 이런 때 견디기 어렵다.

直是天人群生類所作業次受生果報有性無情。莫非承汝威光。乃至諸佛成道成果接物利生。莫非盡承汝威光。只如金剛體還有凡夫諸佛麼。有汝心行麼。不可道無便當得去也。知麼。汝既有如是奇特當陽出身處。何不發明取。便隨他向五蘊身田中鬼趣裏作活計。直下自謾却去。忽然無常殺境到來。眼目譸張身見命見。恁麼時大難枝荷。

마치 거북의 껍질을 산 채로 벗기는 것 같아서 몹시 괴로울 것이다. 그대들이여, 잠 속의 견해(見解)로 맞았다 여기지 말라. 털끝만큼도 가릴 수 없으니, 그대들은 알겠는가?

삼계가 편안하지 않은 것이 마치 불난 집과 같으니, 그대들은 안락을 얻은 사람이라 할 수 없다. 그저 큰 무리를 지어서 남의 세계를 이리저리 날거나 야생 노루같이 뛰어다니면서 의식(衣食)만을 구할 줄 아니, 그렇게 해서 어찌 왕도(王道)가 시행되겠는가? 알겠는가?

국왕과 대신이 그대들을 구속하지 않고, 부모가 그대들을 놓아주어 출가시켰고, 시방의 신도가 그대들에게 옷과 음식을 공급하고, 토지신과 용신이 그대들을 외호하니, 부끄러운 생각을 가지고 은혜를 갚을 줄 알아야 한다. 남의 은혜를 저버리지 말라.

길게 늘어놓은 평상 위에 뒹굴면서 세월을 보내는 것을 안락하다 하지만 그런 것이 아니다.

如生脫龜箇相似大苦。仁者莫把瞌睡見解便當却去。未解蓋覆得毛頭許。汝還知麼。三界無安猶如火宅。且汝未是得安樂底人。只大作群隊於他人世。遮邊那邊飛走野鹿相似。但知求衣為食。若恁麼爭行他王道。知麼。國王大臣不拘汝。父母放汝出家。十方施主供汝衣食。土地龍神護汝。也須具慚愧知恩始得。莫孤負人好。長連床上排行著地銷將去。道是安樂未在。

모두가 죽과 밥으로 기르고 보양하다가 끝내는 동과(冬瓜)[6]가 썩듯 변하여 마침내는 흙 속에 묻히니, 업식(業識)이 망망해서 의거할 근본이 없다.

사문이 어째서 이런 지경에 이르렀는가? 저 땅 위에서 고물거리는 것들을 나는 지옥겁(地獄劫)에 머무른다 하니, 지금 밝히지 못하면 내일 아침에나 모래는 당나귀 배때기나 말 뱃속으로 들어가서 보습을 끌고 쟁기를 잡고, 자갈을 물고 안장을 지고, 방아를 찧고 물을 푸고, 불 속에 볶이는 꼴을 당하게 되리니, 대단히 받아들이기 어려운 일이다. 모름지기 크게 두려워해야 하니, 이 모두가 그대들 스스로가 저지른 일이다. 알겠는가?

만일 이것을 깨닫는다면 당장 영원한 겁에 이르기까지 그대들에게 이런 일이 없도록 일깨워 주겠지만, 만일 이를 깨닫지 못하여 번뇌와 악업의 인연을 한 겁이나 두 겁을 지나도 쉬지 못한다면, 어찌 그대와 함께 금강 같은 수명을 같이하랴. 알겠는가?"

皆是粥飯將養得汝爛冬瓜相似。變將去土裏埋將去。業識茫茫無本可據。沙門因什麼到恁麼地。只如大地上蠢蠢者。我喚作地獄劫住。如今若不了。明朝後日看變入驢胎馬肚裏。牽犁拽杷銜鐵負鞍。碓擣磨磨水火裏燒煮去。大不容易受。大須恐懼好。是汝自累。知麼。若是了去直下永劫不曾教汝有遮箇消息。若不了此。煩惱惡業因緣未是一劫兩劫得休。直與汝金剛齊壽。知麼。

6) 동과(冬瓜) : 한해살이 덩굴풀.

남제 장로(南際長老)가 설봉(雪峯)에게 갔는데, 설봉이 남제를 대사에게 보내니, 대사가 물었다.

"옛사람이 말하기를 이 일은 스스로 알아야 한다고 하였는데, 장로는 어찌 생각하는가?"

남제가 대답하였다.

"알려고 하지도 않는 이가 있는 줄 알아야 합니다."[7]

대사가 말하였다.

"설봉 화상이 그렇게 애를 썼으나 무슨 소용인가?"

설봉이 울력으로 산전(山田)을 파다가 뱀 한 마리를 보자 주장자로 꿰어 올리고 대중을 불러 말하였다.

"보는 것을 보아라."

그리고는 칼로 두 토막을 내었다.

南際長老到雪峯。雪峯令訪於師。師問曰。古人道。此事唯我能知。長老作麼生。南際曰。須知有不求知者(歸宗柔別拊掌三下)。師曰。山頭和尚喫許多辛苦作麼。雪峯因普請畬田。見一蛇以杖挑起召衆曰。看看以刀芟為兩段。

7) 귀종유(歸宗柔)가 손을 세 차례 비벼 보였다. (원주)

이에 대사가 주장자로 들어서 뒤로 던지고는 다시 돌아보지도 않으니, 대중이 깜짝 놀랐다. 설봉이 말하였다.

"빼어난 놈이구나."

어느 날 대사가 설봉을 모시고 산을 도는데, 설봉이 한 곳의 땅을 가리키면서 말하였다.

"여기에다 하나의 무봉탑(無縫塔)[8]을 세우리라."

대사가 말하였다.

"높이가 얼마나 되게 할까요?"

설봉이 위와 아래를 굽어보니, 대사가 말하였다.

"인간과 하늘의 의보(依報)[9]가 화상만 못할 뿐만 아니라, 영산(靈山)[10]에서의 수기(受記)[11]에는 아직 멀었습니다."

師以杖拋於背後更不顧視。眾愕然。雪峯曰。俊哉。師一日隨侍雪峯遊山。雪峯指一片地曰。此處造得一所無縫塔。師曰。高多少。雪峯乃顧視上下。師曰。人天依報只[12]不如和尚。若是靈山受記大遠在。

---

8) 무봉탑(無縫塔) : 무형(無形) 무상(無相)의 탑.

9) 의보(依報) : 심신에 따라 존재하는 국토, 가옥, 의복, 식물 등.

10) 영산(靈山) : 영축산을 줄여 영산이라고 한다. 부처님께서 머무시면서 설법하시던 산.

11) 수기(受記) : 제자들에게 미래에 증득할 과위를 예언하는 일.

12) 只가 송, 원나라본에는 即으로 되어 있다.

설봉이 말하였다.

“세계의 넓이가 한 자이면 옛 거울의 넓이도 한 자요, 세계의 넓이가 한 길이면 옛 거울의 넓이도 한 길이다.”

대사가 화로를 가리키면서 말하였다.

“화로의 넓이는 얼마입니까?”

“옛 거울의 넓이와 같다.”

“노화상의 발꿈치가 땅에 닿은 일이 없으십니다.”

대사가 처음에 청을 받아 매계장(梅谿場)의 보응원(普應院)에 살다가 중간에 현사산(玄沙山)으로 옮기니, 이로부터 바다 같은 총림의 무리가 바람에 쏠리듯 모여와서 의지하였다.

민수(閩帥) 왕공(王公)이 무상승(無上乘)[13]을 베풀어 달라 하면서 스승의 예로 대접하니, 학도들이 팔백여 명이나 모여서 방문이 닫히지 않았다.

雪峯曰。世界闊一尺古鏡闊一尺。世界闊一丈古鏡闊一丈。師指火鑪曰。火鑪闊多少。雪峯曰。如古鏡闊。師曰。老和尚脚跟未點地。師初受請住梅谿場普應院。中間遷止玄沙山。自是天下叢林海衆皆望風而賓之。閩帥王公請演無上乘。待以師禮。學徒餘八百室戶不閉。

---

13) 무상승(無上乘) : 대승(大乘)의 다른 이름. 불법의 지극함을 찬탄하여 일컫는 말.

대사가 법상에 올라 말없이 보이고, 대중에게 말하였다.

"내가 그대들을 위해서 애썼는데 알겠는가?"

어떤 승려가 물었다.

"적적(寂寂)하여 말이 없을 때에는 어떠합니까?"

"잠꼬대는 해서 무엇 하리오."

"본분이 되는 일을 스님께서 일러 주십시오."

"졸아서 무엇 하리오."

"학인은 졸지만 화상은 어떠하십니까?"

대사가 말하였다.

"어쩌면 그렇게도 아프고 가려운 것을 모르는가?"

대사가 이어 말하였다.

"애석하구나. 얼마나 많은 큰 스님들이 천리만리 행각을 하다 여기에 이르러 잠잔다는 것과 잠꼬대 한다는 기별도 모르는 채 후퇴하는구나."

師上堂良久謂衆曰。我為汝得徹困也還會麼。僧問。寂寂無言時如何。師曰。寱語作麼。曰本分事請師道。師曰。瞌睡作麼。曰學人即瞌睡和尚如何。師曰。爭得恁麼不識痛痒。又曰。可惜如許大師僧。千里萬里行脚到遮裏。不消箇瞌睡寱語便屈却去。

어떤 승려가 물었다.

"어떤 것이 학인 자신입니까?"

"자신은 무엇에 쓰려는가?"

어떤 승려가 물었다.

"위로부터 전하는 종문의 일을 화상은 여기서 어떻게 말씀하십니까?"

"듣는 이가 드물더라."

"화상께서 똑바로 말씀해 주십시오."

"귀머거리에게 어쩌랴."

대사가 또 말하였다.

"그대들이 지금의 일을 어쩔 수 없어서 나로 하여금 이렇게 위광(威光)을 낮추고, 입이 쓰도록 권고하게 하여 백 천 가지 방편으로 이러쿵저러쿵 하면서 그대들이 알게 해달라고 하지만, 모두가 뒤바뀐 지견으로 듣고 알 뿐이다.

問如何是學人自己。師曰。用自己作麼。僧問。從上宗門中事。師此間如何言論。師曰。少人聽。僧曰。請和尚直道。師曰。患聾作麼。又曰。仁者。如今事不獲已。教我抑下如是威光。苦口相勸。百千方便道如此如彼。共汝相知聞盡成顛倒知見。

이 목구멍과 입술로는 그저 들여우의 요술 같은 업보를 이루어 그대들을 속일 뿐이다. 내가 그런 일들을 긍정할 수 있겠는가? 허물이 되는지 안 되는지는 오직 자기 자신만이 안다. 그대들이 어떻게 알아 얻겠는가? 만일 이러-한 사람이 나타난다면 달갑게 꾸짖음을 받으리라.

대체로 남의 스승이 된다는 일은 퍽 어려운 일이다. 모름지기 선지식이라야 알게 된다. 내가 이제 이렇게 방편을 써서 그대들을 도와도 바로 보지 못하는데, 가령 순전히 종승(宗乘)만을 드날린다면 그대들은 어느 곳에서 편안하겠는가? 알겠는가?

49년의 일도 방편이었을 뿐이다. 영산회상에는 백만 대중이 있었으나 가섭 한 사람만 친히 들었고 다른 이는 모두 듣지 못했다. 그대는 가섭이 무슨 일을 친히 들었는지를 말해 봐라.

將此咽喉脣吻。只成得箇野狐精業謾汝。我還肯麼。只如有過無過唯我自知。汝爭得會。若是恁麼人出頭來甘伏呵責。夫為人師匠大不易。須是善知識始得知。我如今恁麼方便助汝。猶尚不能覯得。可中純舉宗乘。是汝向什麼處安措。還會麼。四十九年是方便。只如靈山會有百萬眾。唯有迦葉一人親聞。餘盡不聞。汝道迦葉親聞事作麼生。

그렇다고 '여래는 설함 없이 설하셨고, 가섭이 들음 없이 들어서 문득 얻었다.'라고도 말하지 말라. 원인을 닦고 결과를 이루어 복과 지혜로 장엄한 일도 아니다. 알겠는가?

또 부처님께서 말씀하시기를 '나에게 정법안장(正法眼藏)이 있는데 가섭에게 전해 준다.'라고 한 것을 나는 달을 이야기한 것과 같다고 하고, 조계(曹谿)께서 불자(拂子)를 들어서 세운 것은 달을 가리키는 것과 같다고 하노라. 그러므로 대당국(大唐國)의 종승 가운데 일을 드러내어 펼친 이를 한 사람도 본적이 없다고 하겠다.

설사 어떤 사람이 드러내어 펼쳤다고 하면, 온누리의 사람이 온통 목숨을 잃어 마치 구멍이 없는 쇠방망이 같이 되어서 일시에 칼끝이 없어지고 혀가 묶인 것 같으리라.

여러분들은 다행히 나를 만났기에 내가 목숨을 아끼지 않고 그대들의 뒤바뀐 소견을 같이 해주고, 그대들의 미친 뜻을 따라 주는 것이다.

不可道如來無說說迦葉不聞聞。便當得去。不可是汝修因成果。福智莊嚴底事。知麼。且如道吾有正法眼付囑大迦葉。我道猶如話月。曹谿竪拂子還如指月。所以道。大唐國內宗乘中事。未曾見有一人舉唱。設有人舉唱。盡大地人失却性命。如無孔鐵槌相似。一時亡鋒結舌去。汝諸人賴遇我。不惜身命。共汝顛倒知見。隨汝狂意。

그대들이 무엇을 물었을 때에 내가 그대들과 함께 이렇게 알고 듣지 않았다면, 그대들은 어디에서 나를 볼 수 있겠는가? 알겠는가? 퍽 어려우니 힘써라. 안녕."

이어 게송을 읊었다.

만 리의 신기로운 광명 정수리의 뒷모습이니
정수리마저 없어질 때에는 어디를 바라보랴
일이 이미 이루어져서 뜻도 또한 쉬니
이것이 원래 닿는 곳마다 두루한 것이라네
지혜로운 이는 곧 끌어 취하여 분명하니
잠깐 사이인들 잃었으랴, 기다리지 말라

方有申問處。我若不共汝恁麼知聞去。汝向什麼處得見我。會麼。大難。努力珍重。乃有偈曰。

萬里神光頂後相
沒頂之時何處望
事已成　意亦休
此箇來蹤觸處周
智者撩著便提取
莫待須臾失却頭

또 게송을 읊었다.

현사(玄沙)가 거니는 지름길은 특별하니
때의 사람들 모름지기 알아야 한다
겨울에도 햇살이 무성하고
6월에도 서리가 내렸다

말은 있으나 혀와는 관계 없고
말없이 간절하고 요긴함을 말한다
나의 마지막 구절을 아는가
세상에 출현해도 아는 이가 적다

又偈曰。
玄沙遊徑別
時人切須知
三冬陽氣盛
六月降霜時
有語非關舌
無言切要詞
會我最後句
出世少人知

어떤 승려가 물었다.

"네 가지 위의(威儀) 이외에 무엇으로 국왕을 섬겨야겠습니까?"

대사가 말하였다.

"그대는 왕법의 죄인이거늘 어찌 섬기는 것을 묻는가?"

어떤 승려가 물었다.

"옛사람이 망치를 번쩍 들거나 불자를 세우기도 했는데, 그것도 종승 안의 일에 해당됩니까?"

"해당되지 않는다."

"옛사람의 뜻이 무엇입니까?"

대사가 불자를 번쩍 드니, 승려가 다시 물었다.

"종승 안의 일이 어떠합니까?"

"그대가 깨달을 때를 기다려야 되겠다."

"어떤 것이 금강역사(金剛力士)입니까?"

대사가 입으로 '후' 하고 불었다.

問四威儀外如何奉王。師曰。汝是王法罪人爭會問事。問古人拈槌竪拂。還當宗乘中事也無。師曰。不當。曰古人意作麼生。師舉拂子。僧曰。宗乘中事如何。師曰。待汝悟始得。問如何是金剛力士。師乃吹之。

문 통두(文桶頭)[14]가 산을 내려가니, 대사가 물었다.

“문 통두여, 산을 내려가면 언제 돌아오는가?”

“3 · 5일 걸리겠습니다.”

“돌아올 때에 밑 없는 통(桶)이 있거든 한 짐 지고 오너라.”

문 통두가 대답이 없었다.[15]

대사가 어느 때 이렇게 말하였다.

“제방의 노숙(老宿)들은 모두가 중생을 지도하여 이롭게 한다 하는데, 이제 그대들에게 소경이고 귀머거리며 벙어리인 삼종 병자가 있다고 하면 그대들은 어떻게 그를 지도하겠는가? 만일 방망이를 번쩍 들거나 불자를 세운다면 그의 눈이 보지 못할 것이요, 그와 이야기를 한다면 귀는 듣지 못할 것이요, 입으로는 말을 하지 못할 것이다. 만일 지도할 수 없다면 불법은 영험이 없다고 할 것이다.”

文桶頭下山。師問。桶頭下山幾時歸。曰三五日。師曰。歸時有無底桶子將一擔歸。文無對(歸宗柔代云。和尙用作什麼)。師有時垂語曰。諸方老宿盡道接物利生。且問汝。只如盲聾瘂三種病人。汝作麼生接。若拈槌竪拂他眼且不見。共他說話耳又不聞。口復瘂。若接不得佛法盡無靈驗。

14) 문 통두(文桶頭) : 성은 문씨이고, 통두는 직책이다.

15) 귀종유(歸宗柔)가 대신 말하기를 “화상은 그것을 무엇 하시겠습니까?” 하였다. (원주)

이때에 어떤 승려가 나서서 말하였다.

“화상께서는 삼종 병자라는 것을 사람들이 헤아리겠다고 하면 허락하시겠습니까?”

대사가 말하였다.

“그대에게 허락할 터이니 어떻게 헤아리겠는가?”

그 승려가 인사를 드리고 물러가니, 대사가 말하였다.

“옳지 않다, 옳지 않아.”[16)]

나한(羅漢)이 말하였다.

“계침(桂琛, 나한)은 눈과 귀로 보고 듣는데, 화상께서는 어떻게 접인 하시겠습니까?”

時有僧出曰。三種病人和尚還許人商量否。師曰。許汝作麼生商量。其僧珍重出。師曰。不是不是(法眼云。我當時見羅漢和尚舉此僧語。我便會三種病人。雲居錫云。只如此僧會不會。若道會玄沙又道不是。若道不會法眼為什麼道。我因此僧語便會三種病人。上座無事上來商量大家要知)。羅漢云。桂琛見有眼耳和尚作麼生接。

---

16) 법안(法眼)이 말하기를 “내가 그 당시에 나한(羅漢) 화상이 이 승려의 일을 말하는 것을 듣고 곧 그 승려가 삼종 병자임을 알았다.” 하였다.
운거석(雲居錫)이 말하기를 “그 승려가 알았을까, 몰랐을까? 만약 알았다고 할 것 같으면 현사는 어째서 옳지 않다고 하였으며, 몰랐다면 법안은 어째서 ‘나는 그 승려의 일을 듣고 그 승려가 삼종병자임을 알았다.’라고 하였을까? 상좌들이여, 본래 일이 없거늘 분별하고 헤아리는구나. 여러분들은 성취했음을 알라.” 하였다. (원주)

대사가 대답하였다.
"삼종 병자가 지금은 어디에 있는가?"
또 다른 승려가 말하였다.
"남을 속일 뿐 아니라 스스로를 속이시는군요."

장경 릉(長慶稜)이 오니, 대사가 물었다.
"피해야 할 독약을 제하고는 어떻게 말해야겠는가?"
장경 릉이 대답하였다.
"어찌하여 그리 어리석습니까?"
대사가 말하였다.
"설봉산(雪峯山)의 상수리가 먹을 만했는데 여기에 온 참새가 똥을 쌌구나."

대사가 어떤 승려가 와서 절을 하는 것을 보고는 말하였다.
"절을 하는구나. 나도 응당히 절을 해야지."

師答云。三種病人即今在什麼處。又一僧云。非唯謾他兼亦自謾。長慶稜來。師問。除却藥忌作麼生道。稜曰。憨作麼。師曰。雪峯山橡子恰食來遮裏雀兒放糞。師見僧來禮拜乃曰。禮拜著因我得禮拜汝。

어느 날 해갱(海坑)에 가서 장작을 패는 울력을 하다가 호랑이를 보고 어떤 승려가 외쳤다.

"스님, 호랑이입니다."

대사가 말하였다.

"너의 호랑이다."

절에 돌아온 뒤에 승려가 물었다.

"아까 호랑이를 보시고 저의 것이라 하셨는데 스님의 뜻이 무엇입니까?"

대사가 말하였다.

"사바세계에는 네 가지 막힘이 있는데 누군가가 꿰뚫었다면 그는 오음의 경계를 벗어났다고 허락하리라."[17]

대사가 장생 연(長生然) 화상에게 물었다.

一日普請往海坑斫柴。見一虎。師僧曰。和尚虎。師曰。是汝虎。歸院後僧問。適來見虎云是汝。未審尊意如何。師曰。娑婆世界有四重障。若人透得許汝出陰界(東禪齊云。上座古人見了道。我身心如大地虛空。如今人還透得麼)。師問長生然和尚。

17) 동선제(東禪齊)가 말하기를 "상좌여, 옛사람이 나의 몸과 마음이 대지와 허공과 같다 했는데, 요새 사람이 꿰뚫을 수 있는가?" 하였다. (원주)

“유마거사가 부처님을 뵙고, 과거로부터 온 바도 없고, 미래로 가는 바도 없고, 지금에 머무는 바도 없다고 하였으니, 그대는 어떻게 보는가?”

장생이 대답하였다.

“장생의 허물을 용서해 주시오.”

대사가 말하였다.

“그대가 용서하라는 허물이 무엇인가?”

장생이 잠자코 있으니, 대사가 말하였다.

“누구를 가르치는 것이냐?”

“공연히 귀만 기울이고 계셨군요.”

“그대가 산신 굴속에서 살림하는 것을 분명히 알겠다.”[18]

어떤 승려가 물었다.

“학인은 어찌하여 도를 얻지 못했습니까?”

維摩觀佛前際不來後際不去今則無住。汝作麼生觀。對曰。放皎然過有商量。師曰。放汝過作麼生。長生良久。師曰。教阿誰委。曰徒勞側耳。師曰。情知汝向山鬼窟裏作活計(崇壽稠別長生云。喚什麼作如來)僧問師。學人為什麼道不得。

18) 숭수조(崇壽稠)가 따로 장생에게 말하기를 “무엇을 여래라고 하는가?” 하였다. (원주)

대사가 대답하였다.

"그대의 입에 가득한 것인데 어찌 도를 얻으려 하는가?"[19]

"온갖 말과 글은 모두가 함정에 빠진다 하니, 함정에 빠지지 않는 말을 화상께서 요량해 주십시오."

"저울대를 꺾어버리고 오너라. 그대에게 요량해 주리라."

"옛사람은 눈을 깜박여서 사람을 지도했는데, 화상은 어떻게 지도하십니까?"

"나는 눈을 깜박여서 사람을 지도하지 않는다."

어떤 승려가 물었다.

"이것이 무엇이기에 그렇게 보기 어렵습니까?"

"너무 가까워서 그렇다."[20]

師曰。畐塞汝口爭解道得(法眼云。古人恁麼道甚奇特。且問上座口是什麼)。問凡有言句盡落棬。不落棬請和尚商量。師曰。拗折秤衡來與汝商量。問古人瞬視接人。和尚如何接人。師曰。我不瞬視接人。僧問。是什麼得恁麼難見。師曰。只為太近(法眼云。也無可得近直下是上座)。

---

19) 법안(法眼)이 말하기를 "옛사람이 그렇게 말한 것이 매우 기특하다. 상좌에게 묻노니 어떤 것이 입인가?" 하였다. (원주)

20) 법안(法眼)이 말하기를 "가깝다고도 할 수 없다. 바로 상좌 자신이다." 하였다. (원주)

대사가 설봉에 있을 때에 광 시자(光侍者)가 대사에게 말하였다.

"사숙(師叔)께서 선법(禪法)을 배워서 깨달았다면 저는 무쇠배를 부숴버리고 바다에 내리겠습니다."

대사가 주지가 된 뒤에 물었다.

"광 시자는 무쇠배를 부숴버렸는가?"

광 시자가 대답이 없었다.[21)]

어느 날 대사가 승려를 시켜 설봉 화상에게 글을 보냈다.

설봉이 받아서 뜯어보니 흰 종이만 석 장 있었다. 이에 그 승려에게 물었다.

"알겠는가?"

그 승려가 말하였다.

"모르겠습니다."

師在雪峯時光侍者謂師曰。師叔若學得禪。某甲打鐵船下海去。師住後問曰。光侍者打得鐵船也未。光無對(法眼代云。和尚終不恁麼。法燈代云。請和尚下船。玄覺代云。貧兒思舊債)。師一日遣僧送書上雪峯和尚。雪峯開緘唯白紙三幅。問僧會麼。曰不會。

---

21) 법안(法眼)이 대신 말하기를 "화상도 끝내 어쩌지는 못합니다." 하였다.
법등(法燈)이 대신 말하기를 "청컨대 화상도 배에서 내리십시오." 하였다.
현각(玄覺)이 대신 말하기를 "가난한 아이가 묵은 빚을 생각한다." 하였다. (원주)

설봉이 다시 말하였다.

“듣지 못했는가? 군자는 천리지간이라도 가풍은 같으니라.”

그 승려가 돌아와서 대사에게 말하니, 대사가 말하였다.

“그 늙은 노장이 어긋난 줄도 모르고 있구나.”[22)]

대사가 경청(鏡淸)에게 물었다.

“경전에 이르기를 보살마하살은 한 법도 보지 않는다고 해도 큰 허물이 된다고 하였는데, 무슨 법을 보지 않는다는 말인가? 말해 봐라.”

경청이 돌기둥을 가리키면서 말하였다.

“이낱 법을 보지 않는다는 것 아니겠습니까?”[23)]

대사가 말하였다.

雪峯曰。不見道。君子千里同風。其僧迴舉似於師。師曰。遮老和尚蹉過也不知(東禪齊云。什麼處蹉過。若的蹉過師豈不會弟子意。若不恁麼會。只如玄沙意作麼生。若會便參取玄沙)。師問鏡清。教中道。菩薩摩訶薩不見一法為大過失。且道不見什麼法。鏡清指露柱云。莫是不見遮箇法麼(同安顯別云。也知和尚不造次)。師曰。

22) 동선제(東禪齊)가 말하기를 “어디가 어긋난 곳인가? 만일 분명히 어긋났다면 스승이 어찌 제자의 뜻을 알지 못하겠는가? 만일 그렇지 않다면 현사의 뜻은 어떠한 것인가? 만일 알았다면 현사의 뜻을 참구해 봐라.” 하였다. (원주)

23) 동안현(同安顯)이 따로 말하기를 “화상은 순간이라는 것도 없는 분이라는 것을 압니다.” 하였다. (원주)

“절강성 지방의 맑은 물과 백미는 그대 마음대로 먹겠지만 불법을 알려면 아직 멀었다.”[24)]

어떤 승려가 물었다.

“듣건대 화상께서 시방세계가 온통 한 개의 밝은 구슬이라고 하시는데, 학인이 어떻게 알아야 하겠습니까?”

대사가 말하였다.

“시방세계가 온통 한 개의 밝은 구슬인 것을 알아서 무엇 하리오.”

이튿날 대사가 도리어 그 승려에게 물었다.

浙中清水白米從汝喫。佛法未會在(玄覺云。且道玄沙恁麼道意在什麼處。不見。僧問洞山云。不見一法為大過失。此意如何。洞山云。不見一法好言語上座。一宿覺云。不見一法即如來方得名為觀自在普賢菩薩。又云。不見一法為大過失。是一箇是兩箇試斷看)。僧問。承和尚有言。盡十方世界是一顆明珠。學人如何得會。師曰。盡十方世界是一顆明珠。用會作麼。師來日却問其僧。

---

24) 현각(玄覺)이 말하기를 “말해 봐라. 현사가 그렇게 말한 뜻이 무엇인가? 보지 못하였는가?” 어떤 승려가 동산(洞山)에게 묻기를 “한 법도 보지 않는다 해도 큰 허물이 된다고 말한 이 뜻이 어떠합니까?” 하니, 동산이 말하기를 “한 법도 보지 않는다 함은 좋은 말이다. 상좌야.” 하였고, 일숙각(一宿覺)이 말하기를 “한 법도 보지 않으면 곧 여래이니, 바야흐로 관자재나 보현보살이라 한다.” 하였고, 또 말하기를 “한 법도 보지 않는다 해도 허물이 된다고 하였으니, 같은 말인가? 다른 말인가? 판단해 봐라.” 하였다. (원주)

"시방세계가 온통 한 개의 밝은 구슬이라 하는데, 그대는 어떻게 알고 있는가?"

승려가 대답하였다.

"시방세계가 온통 한 개의 밝은 구슬인 것을 알아서 무엇 하겠습니까?"

대사가 말하였다.

"나는 그대가 산 귀신 굴속에 들어가서 살림을 하는 자인 줄 알고 있었다."[25]

"어떤 것이 무봉탑입니까?"

대사가 말하였다.

"크건 작건 한 바늘로 꿰매서 가린다."[26]

盡十方世界是一顆明珠。汝作麼生會。對曰。盡十方世界是一顆明珠。用會作麼。師曰。知汝向山鬼窟裏作活計(玄覺云。一般恁麼道。為什麼却成山鬼窟去)。問如何是無縫塔。師曰。遮一縫大小(玄覺云。叢林中道恁麼來。何處得無縫。還會得著不著)。

25) 현각(玄覺)이 말하기를 "똑같이 그렇게 말했는데 어째서 산 귀신 굴속을 이뤘다 하였는가?" 하였다. (원주)

26) 현각(玄覺)이 말하기를 "총림에서들 이야기하지만 어느 곳에서 무봉탑을 얻을 것인가? 알겠는가? 얻었는가, 얻지 못했는가?" 하였다. (원주)

위 감군(韋監軍)이 와서 뵙고, 조산(曹山) 화상이 매우 기이하다고 한 것을 들어 이야기하니, 대사가 물었다.

"무주(撫州)에서 조산(曹山)까지는 얼마나 되는가?"

위 감군이 곁에 있는 승려를 가리키면서 말하였다.

"상좌여, 조산에 가신 적이 있는가요?"

승려가 말하였다.

"가보았습니다."

"무주에서 조산까지는 얼마나 되는가요?"

"백이십 리입니다."

"그러면 상좌는 조산에 가보지 않았군요."

그리고는 위 감군이 일어나서 대사에게 절을 하니, 대사가 말하였다.

"감군은 도리어 이 승려에게 절을 하시오. 이 승려에게 오히려 부끄러워해야 할 줄 압니다."[27]

韋監軍來謁。擧曹山和尚甚奇怪。師乃問。撫州取曹山多少。韋指傍僧云。上座曾到曹山否。日曾到。韋日。撫州取曹山多少。日一百二十里。韋日。恁麼即上座不到曹山。韋却起禮拜師。師日。監軍却須禮此僧。此僧却具慚愧(雲居錫云。什麼處是此僧具慚愧。若檢得出許上座有行脚眼)。

27) 운거석(雲居錫)이 말하기를 "어디가 이 승려에게 부끄러워해야 할 곳인가? 만일 점검해서 알아낸다면 상좌들에게 행각의 안목이 있다고 허락하리라." 하였다. (원주)

서천축에서 성명 삼장(聲明三藏)이라는 이가 왔는데 민수(閩帥)가 대사에게 소개하여 만나게 하니, 대사가 부젓가락으로 구리 화로를 두드리면서 물었다.

"이것이 무슨 소리인가?"

삼장이 대답하였다.

"구리 소리입니다."[28)]

대사가 말하였다.

"대왕은 외국 사람의 속임을 받지 마시오."

삼장은 대답이 없었다.[29)]

대사가 남쪽으로 포전현(莆田縣)에 갔는데 백 가지 유희로 영접하였다. 이튿날 대사가 소당(小塘)이라는 장로에게 물었다.

西天有聲明三藏到。閩帥令與師相見。師以火筯敲銅鑪問。是什麼聲。三藏對曰。銅鐵聲(法眼別云。請大師為大王。法燈別云。聽和尚問)。師曰。大王莫受外國人謾。三藏無對(法眼代云。大師久受大王供養。法燈代云。却是和尚謾大王)。師南遊莆田縣排百戲迎接。來日師問小塘長老。

---

28) 법안(法眼)이 따로 말하기를 "대사께서 대왕을 위하여 말씀해 보십시오." 하였다.
법등(法燈)이 따로 말하기를 "화상께서 물으시는 소리를 들었습니다." 하였다.
(원주)

29) 법안(法眼)이 대신 말하기를 "대사께서는 오랫동안 대왕의 공양을 받으셨습니다." 하였다.
법등(法燈)이 대신 말하기를 "화상께서 도리어 대왕을 속이시는군요." 하였다.
(원주)

"어제 그처럼 시끄럽던 것이 모두 어디로 갔는가?"

소당이 옷자락을 들어 보이니, 대사가 말하였다.

"상대가 안 되는 줄은 미리 짐작했었다."[30)]

대사가 어떤 승려에게 물었다.

"건달바(乾闥婆)[31)]의 성(城)을 그대는 어떻게 생각하는가?"

승려가 대답하였다.

"꿈이나 요술같이 여깁니다."[32)]

대사가 지장(地藏) 계침(桂琛)과 방장실에서 이야기를 하다가 밤이 깊어지자 시자가 문을 닫으니, 대사가 말하였다.

"문을 모두 닫으면 그대는 어디로 나가려는가?"

昨日許多喧鬧向什麼處去也。小塘提起衲衣角。師曰。料掉勿交涉(法眼別云。昨日有多少喧鬧。法燈別云。今日更好笑)。師問僧。乾闥婆城汝作麼生會。僧曰。如夢如幻(法眼別敲物示之)。師與地藏琛在方丈內說話。夜深侍者閉却門。師曰。門總閉了。汝作麼生得出去。

---

30) 법안(法眼)이 따로 말하기를 "어제 얼마나 시끄러웠습니까?" 하였다. 법등(法燈)이 따로 말하기를 "오늘 다시 한 번 웃는 것이 좋겠습니다." 하였다. (원주)

31) 건달바(乾闥婆) : 제석의 음악을 맡은 신.

32) 법안(法眼)이 따로 물건을 두드려 보였다. (원주)

계침이 말하였다.
“무엇을 문이라 합니까?”[33]

어느 날 대사가 주장자로 땅을 찌르면서 장생(長生)에게 물었다.
“승려이다, 속인이다, 남자다, 여자다 하는 소견 가운데 그대는 어떤 소견인가?”
장생이 말하였다.
“화상은 교연(皎然, 장생)이 보는 곳을 봅니까?”
대사가 말하였다.
“얼굴이 천하에 가득한 줄을 안다.”
“듣건대 화상께서 듣는 성품이 법계에 두루하다고 하셨다는데, 설봉이 북을 친 것은 어째서 듣지 못하셨습니까?”
“누가 듣지 못한 것을 알았는가?”

琛曰。喚什麼作門(法燈別云。和尚莫欲歇去)。師一日以杖拄地問長生曰。僧見俗見男見女見。汝作麼生見。長生曰。和尚還見皎然見處麼。師曰。相識滿天下。問承和尚有言。聞性遍周法界。雪峯打鼓遮裏為什麼不聞。師曰。誰知不聞。

33) 법등(法燈)이 따로 말하기를 “화상이시여, 머무르려고 하거나 가려고 하지도 마십시오.” 하였다. (원주)

"험악한 길에서는 무엇이 이끌어주게〔津梁〕[34] 됩니까?"
"그대의 눈이 이끌어주게 된다."
"얻지 못한 이는 어찌합니까?"
"빨리 구해라."

대사가 위 감군과 함께 과자를 먹는데, 위 감군이 물었다.
"어떤 것이 날마다 쓰면서도 모르는 것입니까?"
대사가 과자를 번쩍 들면서 말하였다.
"먹는 것."
위 감군이 과자를 다 먹고 다시 물으니, 대사가 말하였다.
"다만 그것이 날마다 쓰면서도 모르는 것이니라."

나무를 나르는 울력을 하다가 대사가 말하였다.
"그대들 모두가 나의 힘을 이어받아 다하였다."

問險惡道中以何為津梁。師曰。以汝眼為津梁。曰未得者如何。師曰。快救取。師與韋監軍喫果子。韋問。如何是日用而不知。師拈起果子曰喫。韋喫果子了。再問之。師曰。只者是日用而不知。普請般柴。師曰。汝諸人盡承吾力。

34) 진량(津梁) : 원문의 진량(津梁)은 나루터와 다리라는 뜻인데, 부처님께서 중생을 제도함을 비유한 말이다.

이때에 어떤 승려가 말하였다.
"스님의 힘을 이어받았다면 무엇 하러 울력을 시키십니까?"
대사가 꾸짖었다.
"울력을 하지 않으면 어떻게 나무를 나르겠는가?"

대사가 명진(明眞) 대사에게 물었다.
"선재(善財) 동자가 미륵에게 가서 물으니, 미륵은 문수에게 가라고 했고, 문수는 부처님께 가라고 했는데, 부처님께서는 어디로 가라고 시키셨겠는가?"
명진이 대답하였다.
"모르겠습니다."
대사가 말하였다.
"그대가 모를 줄을 분명히 알았다."[35)]

대보 현통(大普玄通)이 대사에게 와서 뵙고 절을 하니, 대사가 말하였다.

一僧曰。既承師力何用普請。師叱之曰。不普請爭得柴歸。師問明真大師。善財參彌勒。彌勒指歸文殊。文殊指歸佛處。汝道佛指歸什麼處。對曰。不知。師曰。情知汝不知(法眼別云喚什麼作佛)。大普玄通到禮覲。師謂曰。

35) 법안(法眼)이 따로 말하기를 "무엇을 부처라 합니까?" 하였다. (원주)

"그대는 그곳에서 남의 선남선녀들을 속이지 말라."

현통이 말하였다.

"현통은 공양문(供養門)을 열고 있을 뿐인데, 아침부터 저녁까지 어찌 그런 일을 하겠습니까?"

대사가 말하였다.

"어려운 일이구나."

"그 사정이 어렵습니다."

"어디가 어려운 곳인가?"

"그가 마땅히 받아들여 수긍하지 않기 때문입니다."

대사가 방장으로 들어가서 문을 닫았다.

어떤 이가 물었다.

"학인이 처음으로 총림에 들어왔으니, 스님께서 바로 들어갈 길을 가리켜 주십시오."

대사가 대답하였다.

"시냇물 소리를 듣는가?"

汝在彼住莫誑惑人家男女。對曰。玄通只是開箇供養門。晚來朝去爭敢作恁麼事。師曰。事難。曰其情是難。師曰。什麼處是難處。曰為伊不肯承當。師便入方丈拄却門。問學人乍入叢林乞師指箇入路。師曰。還聞偃溪水聲否。

"듣습니다."
대사가 말하였다.
"이것이 그대가 들어갈 곳이니라."

천수 왕공(泉守王公)이 대사를 청해 누대를 구경시키려 할 때에 미리 객사(客司)에게 말하였다.
"내가 대사를 인도해서 누대 앞에 이르거든 곧 사다리를 치워버려라."
객사가 분부대로 시행하니, 이에 왕공이 말하였다.
"스님, 어서 누대에 오르십시오."
대사가 누대를 둘러보고, 이어 그 사람을 둘러본 뒤에 말하였다.
"불법이란 것이 이런 도리가 아니겠는가?"[36]

曰聞。師曰。是汝入處。泉守王公請師登樓。先語客司曰。待我引大師到樓前。便舁却梯。客司稟旨。公曰。請大師登樓。師視樓復視其人。乃曰。佛法不是此道理(法眼云。未舁梯時一日幾度登樓)。

36) 법안(法眼)이 말하기를 "사다리를 놓지 않았을 때에도 날마다 몇 차례나 누대에 올라갔는가?" 하였다. (원주)

대사가 천수 왕공과 함께 방에서 이야기를 하는데, 어떤 사미가 발〔簾〕을 들어 올리고 들어왔다가 그들을 보고는 이내 물러가니, 대사가 말하였다.

"저 사미에게 20방망이를 때려야 하겠다."

왕공이 말하였다.

"그렇다면 저도 잘못이겠군요."[37)]

대사가 말하였다.

"불법은 그런 것이 아니다."[38)]

師與泉守在室中說話。有一沙彌揭簾入。見却退步而出。師曰。那沙彌好與二十拄杖。曰恁麼即某甲罪過(同安顯別云。祖師來也)。師曰。佛法不恁麼(鏡清云。不為打水。有僧問。不為打水意作麼生。鏡清云。青山碾為塵敢保勿閑人。東禪齊云。只如玄沙意作麼生。或云。直饒恁麼去也好與拄杖。或云。事在當機。或云。拈破會處。此三說還會玄沙意也無)。

---

37) 동안현(同安顯)이 따로 말하기를 "조사께서 오셨다." 하였다. (원주)

38) 경청(鏡清)이 말하기를 "물을 쳤다고도 하지 말라." 하니, 어떤 승려가 묻기를 "물을 쳤다고도 하지 말라는 뜻이 무엇입니까?" 하니, 경청이 말하기를 "청산을 갈아서 먼지를 만든다 해도 결단코 한가한 사람이라고 할 수 없다." 하였다.
동선제(東禪齊)가 말하기를 "현사의 뜻이 무엇이겠는가? 혹은 '설사 그렇게 한다 하여도 주장자로 때려야 좋다.' 했고, 혹은 '일은 기틀을 맞이함에 있다.' 했고, 혹은 '아는 곳도 부숴버린다.' 했으니, 이 세 가지 말이 현사의 뜻을 안 것인가?" 하였다. (원주)

대사가 근기에 맞추어 중생을 지도하기 30여 년 동안에, 석두(石頭)와 청원(青原)처럼 준수한 무리들이 오늘에 이르기까지 끊이지 않도록 미래를 인도하였고, 연설한 법요의 여러 기록이 사해 안에 퍼졌다. 그 밖의 어록들은 각각 문도들의 전기와 제방의 낱낱이 밝힌 부분에 나왔다.

양(梁)의 개평(開平) 2년 무진(戊辰) 11월 27일에 병이 나서 임종하니, 수명은 74세이고, 법랍은 44세였다. 민수(閩帥)가 탑을 세웠다.

師應機接物僅三十祀。致青原石頭之濬流。迨今不絕。轉導來際。所演法要有大小錄行於海內。自餘語句各隨門弟子章及諸方徵舉出焉。梁開平二年戊辰十一月二十七日示疾而終。七十有四。臘四十有四。閩帥為之樹塔。

토끼뿔

"경전에 이르기를 보살마하살은 한 법도 보지 않는다고 해도 큰 허물이 된다고 하였는데, 무슨 법을 보지 않는다는 말인가? 말해 봐라." 했을 때

대원은 옷소매를 떨치며 나왔을 것이다.

"어떤 것이 무봉탑입니까?" 하니 "크건 작건 한 바늘로 꿰매서 가린다." 했을 때

대원은 "바늘 댈 곳이라도 있던가? 험." 하리라.

"어디가 어려운 곳인가?" 하니 "그가 마땅히 받아들여 수긍하지 않기 때문입니다." 했을 때

대원은 크게 방바닥을 세 번 쳤을 것이다.

ↂ "스님, 어서 누대에 오르십시오." 했을 때

대원은 한 발을 들고 서서,
"여기 한 치의 밖이라도 있거든 일러 주시오." 하리라.

복주(福州) 장경(長慶) 혜릉(慧稜) 선사

혜릉 선사는 항주(杭州) 염관(鹽官) 사람으로 성은 손(孫)씨이다. 어릴 때부터 성품이 순박하였으며, 나이 13세에 소주(蘇州)에 있는 통현사(通玄寺)에서 승려가 되어 계를 받고 여러 선방(禪房)을 찾아다녔다.

당(唐)의 건부(乾符) 5년에 민중(閩中)으로 가서 서원(西院)을 찾아가 영운(靈雲)을 뵈었으나 여전히 의심이 있다가, 나중에 설봉에게 가서 의혹의 심정이 얼음 녹듯이 풀렸다.

이어 설봉에게 물었다.

"위로부터 여러 성인들이 전하고 받은 온통인 길〔一路〕을 스님께서 가리켜 보여 주십시오."

설봉이 이러-히 대하니, 대사가 절을 하고 물러났다. 이에 설봉이 빙그레 웃었다.

福州長慶慧稜禪師。杭州鹽官人也。姓孫氏。幼歲稟性淳澹。年十三於蘇州通玄寺出家登戒。歷參禪肆。唐乾符五年入閩中謁西院訪靈雲。尚有凝滯。後之雪峯疑情冰釋。因問。從上諸聖傳受一路請垂指示。雪峯默然。師設禮而退。雪峯莞爾而笑。

다른 날 설봉이 대사에게 말하였다.

"내가 항상 승려들에게 말하기를 남산에 별비사(鼈鼻蛇) 한 마리가 있으니, 그대들은 잘 살피라고 하였다."

이에 대사가 대답하였다.

"오늘 선원 안에서 여러 사람이 목숨을 잃었습니다."

설봉이 옳다고 여겼다.

대사가 방장에 들어가서 뵙고 참문하니, 설봉이 말하였다.

"이것이 무엇인가?"

대사가 대답하였다.

"오늘 날씨가 좋으니 울력을 하면 좋겠습니다."

이로부터 묻고 대답하는 것이 모두 현묘한 진리에 어긋나는 것이 없었다. 이어 이러한 깨달음의 게송을 읊었다.

異日雪峯謂師曰。我尋常向師僧道。南山有一條鼈鼻蛇。汝諸人好看取。對曰。今日堂中大有人喪身失命。雪峯然之。師入方丈參。雪峯曰。是什麼。師曰。今日天晴好普請。自此醻問未嘗爽於玄旨。乃述悟解。頌曰。

만상(萬象) 가운데 홀로 드러난 몸
사람들 스스로가 수긍해야 친해진다
예전엔 잘못하여 길거리에서 찾았는데
오늘에 보니 불 속에서 얼음을 보려는 것 같았다

대사가 서원에 있을 때에 선(詵) 상좌에게 물었다.
"이 속에 상골산(象骨山)이 있는데 가본 적이 있는가?"
선 상좌가 대답하였다.
"가본 적이 없습니다."
"어째서 못 갔는가?"
"본분의 일은 스스로 있습니다."
대사가 말하였다.
"어떤 것이 상좌의 본분의 일인가?"
선 상좌가 옷자락을 들어 보이니, 대사가 말하였다.

萬象之中獨露身
唯人自肯乃方親
昔時謬向途中覓
今日看如火裏氷

師在西院問詵上座曰。遮裏有象骨山汝曾到麼。曰不曾到。師曰。為什不到。曰自有本分事。師曰。作麼生是上座本分事。詵乃提起衲衣角。師曰。

"그것뿐인가? 아니면 다른 것이 또 있는가?"

"제가 무엇을 보였다 하겠습니까?"

대사가 말하였다.

"왜 용두사미(龍頭蛇尾)가 되었느냐?"

대사가 선주(宣州)의 보복(保福)에게 있다가 나중에 하직하고 설봉으로 돌아가는데, 보복이 물었다.

"설봉 화상께서 혹시 상좌에게 소식을 물으시면 어떻게 대답하겠습니까?"

대사가 말하였다.

"비린내를 피하지 않고 조금 봐 드리지요."

보복이 말하였다.

"무슨 소식입니까?"

"나에게 누가 분부하여 가르칠 것인가요?"

"비록 이런 말을 하지만 반드시 이런 일도 있어서가 아닙니다."

대사가 말하였다.

"만일 그렇다면 앞일은 온통 그대에게 달렸군요."

為當只遮箇別更有。曰上座見什麼。師曰。何得龍頭蛇尾。師在宣州保福。後辭歸雪峯。保福問師曰。山頭和尚或問上座信作麼生秖對。師曰。不避腥羶亦有少許。曰信道什麼。師曰。教我分付阿誰。曰從展雖有此語。未必有恁麼事。師曰。若然者前程全自闍梨。

대사가 보복과 함께 산에서 거니는데, 보복이 말하였다.

“옛사람이 말하기를 묘봉산(妙峯山) 봉우리라고 했는데, 이것이 옳으니 또는 옳지 않으니 마십시오.”

대사가 말하였다.

“옳기는 옳으나 애석하군요.”[39)]

대사가 설봉에 왕래하기 29년 만인 천우(天祐) 3년에 천주(泉州) 자사인 왕연빈(王延彬)의 청을 받아 초경사(招慶寺)에 머물렀다.

처음으로 개당(開堂)하는 날에 왕공이 조복을 입은 채 앞에 나서서 대사에게 설법을 청하니, 대사가 말하였다.

“들었는가?”

왕공이 절을 하니, 대사가 말하였다.

師與保福遊山。保福問。古人道妙峯山頂。莫即遮箇便是也無。師曰。是即是可惜許(僧問鼓山。只如稜和尚恁麼道。意作麼生。鼓山云。孫公若無此語。可謂髑髏遍野。白骨連山)。師來往雪峯二十九載。至天祐三年受泉州刺史王延彬請。住招慶初開堂。日公朝服趨隅曰。請師說法。師曰。還聞麼。公設拜。師曰。

39) 어떤 승려가 고산(鼓山)에게 묻기를 “장경 화상이 그렇게 말한 뜻이 무엇입니까?” 하니, 고산이 말하기를 “손공(孫公,장경)이 만일 나중에 말을 하지 않았더라면 해골이 들을 덮고 백골이 골짜기를 메웠으리라.” 하였다. (원주)

"그렇기는 하나 누군가는 긍정하지 않을까 걱정이다."

이에 조사의 뜻을 펴 드날리는데 근기에 따라 자유자재하니, 관리들이 간절히 사모하여 날마다 도의 덕화가 퍼졌다. 나중에 민수가 장락부(長樂府)의 서원(西院)에 살기를 청하고 위에 아뢰어 편액을 장경(長慶)이라 하고, 호는 초각 대사(超覺大師)라 하였다.

대사가 법상에 올라 말없이 보이고 대중에게 말하였다.

"어느 누가 알아 보겠는가? 만약 알지 못한다면 형제들을 속이는 것이다. 지금 무슨 일이 있는가? 막힌 것이라고는 없어서 또한 다시 이것은 물을 것도 없는 집안의 일인데, 당처를 긍정하지 않으려 하는가? 다시 무슨 때를 기다리겠는가? 만일 영리하게 배우는 이라면 이 속에 이르렀다고도 하지 않으리라. 알겠는가?

요사이 보통 행각하는 사람들은 귓속이 꽉 차 있는데, 가령 이것저것 주워 모아 얻은 것이라면 여러 사람이 행각하는 일로서 마땅하겠는가?"

雖然如此慮恐有人不肯。於是敷揚祖意隨機與奪。故毳容憧憧日資道化。後閩帥請去長樂府之西院。奏額曰長慶。號超覺大師。上堂良久謂眾曰。還有人相悉麼。若不相悉欺謾兄弟去。只今有什麼事。莫有窒塞也無。復是誰家屋裏事。不肯當荷更待何時。若是利根參學不到者裏來。還會麼。如今有一般行脚人。耳裏總滿也。假饒收拾得底。還當諸人行脚事麼。

이때에 어떤 승려가 물었다.

“행각하는 일을 어떻게 배웁니까?”

대사가 말하였다.

“남에게 구할 줄만 아는구나.”

“어떤 것이 홀로 벗어나는 온통인 길〔一路〕입니까?”

“왜 번거롭게 다시 묻는가?”

“유명한 말씀과 묘한 뜻을 교리에서 설명한 바가 있는데, 삼과(三科)[40]에 관계없이 바로 말씀해 주십시오.”

“안녕〔珍重〕.”

대사는 이어 대중에게 말하였다.

“분명한 노랫소리도 그대들은 알지 못하니, 홀연히 암암리에 닥치는 일을 당하면 그대들은 어찌하겠는가?”

어떤 승려가 또 물었다.

“어떤 것이 암암리에 닥치는 일입니까?”

時有僧問。行脚事如何學。師曰。但知就人索取。又問。如何是獨脫一路。師曰。何煩更問。又問。名言妙義教有所詮。不涉三科請師直道。師曰。珍重。師乃謂衆曰。明明歌詠汝尚不會。忽被暗來底事汝作麼生。又僧問。如何是暗來底事。

---

40) 삼과(三科) : 오온(五蘊), 십이처(十二處), 십팔계(十八界).

대사가 말하였다.
"차나 마셔라."
중탑(中塔)이 말하였다.
"화상께서도 같이 잡수십시다."

어떤 이가 또 물었다.
"어떤 것이 털끝만큼도 막히지 않은 일입니까?"
대사가 말하였다.
"마주 대하고도 마주 대한 줄 모르는구나."
"어찌하여야 의심도 의혹도 않겠습니까?"
대사가 두 손을 벌리니, 승려가 말을 잇지 못하였다.
이에 대사가 말하였다.
"그대가 다시 물어라. 내가 대답하리라."
승려가 다시 물으니, 대사가 팔뚝을 드러내고 앉았다. 이에 승려가 절을 하니, 대사가 말하였다.

師曰。喫茶去。中塔云。便請和尚相伴。問如何是不隔毫端底事。師曰。當不當。問如何得不疑不惑去。師乃展兩手。僧不進語。師曰。汝更問我與汝道。僧再問之。師露膊而坐。僧禮拜。師曰。

"그대는 어떻게 아는가?"

승려가 말하였다.

"오늘 바람이 붑니다."

대사가 말하였다.

"그대가 그렇게 말하는 것은 안정되지 않은 사람의 견해이다. 그대는 고금(古今)가운데 어떤 절요(節要)가 있어 장경과 같으리라 여기는가? 만일 이야기할 수 있다면 그대가 이야기의 주인공임을 허락하리라."

그 승려가 서 있기만 하니, 대사가 다시 물었다.

"그대는 어디 사람인가?"

"향북(向北) 사람입니다."

"남북으로 삼천 리 밖까지 와서 망령된 말만 배워 무엇 하겠는가?"

승려가 대답이 없었다.

대사가 법상에 올라 말없이 보이고 말하였다.

汝作麼生會。僧曰。今日風起。師曰。恁麼道未定人見解。汝於古今中有什麼節要齊得長慶。若舉得許汝作話主。其僧但立而已。師却問。汝是什麼處人。曰向北人。師曰。南北三千里外學妄語作麼。僧無對。師上堂良久曰。

"오늘밤에 조금도 틀렸다고 말하지 말라."
그리고는 자리에서 내려왔다.

어떤 이가 물었다.
"어떤 것이 성인의 말에 계합되는 것입니까?"
대사가 말하였다.
"가엾은 장경이 그대의 한 질문을 받고 입이 광주리같이 되었구나."
"왜 그렇습니까?"
"아까 무엇을 물었던가?"

대사가 대중에게 말하였다.
"내가 만일 순전히 종승만을 드러내면 법당문을 닫아야 한다. 그러므로 법대로 다하면 백성이 없다."
이때에 어떤 승려가 말하였다.
"백성이 없어지는 것은 두렵지 않으니, 스님께서 법을 다해 주십시오."

莫道今夜較些子。便下坐。問如何是合聖之言。師曰。大小長慶被汝一問口似匾擔。僧曰。何故如此。師曰。適來問什麼。師謂眾曰。我若純舉唱宗乘。須閉却法堂門。所以盡法無民。時有僧曰。不怕無民請師盡法。

대사가 말하였다.

"낙처가 분명한가?"

"어떤 것이 서쪽에서 오신 뜻입니까?"

"향엄(香嚴)이 말한 것도 일시에 물리쳤구나."

대사가 언젠가 대중에게 보이고 말하였다.

"모두가 오늘밤과 같으면 노호(老胡, 달마)는 희망이 있다."

보복(保福)이 듣고 말하였다.

"모두가 오늘밤과 같으면 노호는 희망이 없다."[41]

안국(安國) 홍도(弘瑫) 화상이 처음으로 대사의 호를 받아서 대사가 치하하러 갔다. 이에 안국이 마중을 나오니, 대사가 물었다.

師曰。還委落處麼。問如何是西來意。師曰。香嚴道底一時坐却。師有時示衆曰。總似今夜老胡有望。保福聞之乃曰。總似今夜老胡絕望(玄覺云。恁麼道。是相見語不是相見語。東禪齊云。此二尊宿語一般各有道理。衆中道總似如此嫌什麼。又道總似今夜堪作什麼。若如此會欠悟在)。 安國瑫和尚新得師號。師去賀。瑫出接。師問曰。

41) 현각(玄覺)이 말하기를 "이렇게 말한 것이 서로 본 말인가, 보지 못한 말인가?" 하였다.
동선제가(東禪齊) 말하기를 "이 두 존숙의 말은 똑같이 제각기 도리가 있다. 대중 가운데서는 이와 같이 말하는 것을 어째서 의심하는가?" 또 말하기를 "모두가 오늘밤과 같다면 감히 무어라 하겠는가? 만일 이렇게만 안다고 해도 깨달음이 부족하다고 하리라." 하였다. (원주)

"대사의 호가 왔는가?"

안국이 대답하였다.

"왔습니다."

"어떤 호인가?"

"명진(明眞)입니다."

대사가 두 손을 벌리니, 안국이 말하였다.

"어디를 갔다 오십니까?"

대사가 말하였다.

"몇 번이나 지나친 것을 묻지 않았다."

대사가 어떤 승려에게 물었다.

"어디서 왔는가?"

"고산(鼓山)에서 왔습니다."

"고산에는 석문(石門)에 걸터앉지 않는다는 말이 있다는데, 어떤 사람이 그것을 들어 그대에게 묻는다면 그대는 어떻게 대답하겠는가?"

"지난밤에 자숙(慈宿)에게 갚았습니다."

師號來耶。曰來也。師曰。是什麼號。曰明真。師乃展手。瑫曰。什麼處去來。師曰。幾不問過。師問僧。什麼處來。曰鼓山來。師曰。鼓山有不跨石門底句。有人借問汝作麼生道。曰昨夜報慈宿。

대사가 말하였다.

"잔등 때리는 몽둥이가 있는데 그대는 어찌하겠는가?"

"화상께서 그 몽둥이를 쓰신다면 인천(人天)의 공양을 헛되이 받지 않으시겠습니다."

"몇 번이나 놓칠 뻔했구나."

어떤 이가 물었다.

"옛사람이 말하기를 서로 만날 때에 들거나 집어내지 않아도 뜻을 곧 안다고 하니, 어떠합니까?"

대사가 대답하였다.

"알았는가?"[42)]

대사가 큰방에 들어가서 소두(疏頭)[43)]를 들고 말하였다.

師曰。拍脊棒汝又作麼生。曰和尚若行此棒不虛受人天供養。師曰。幾放過。問古人有言。相逢不拈出舉意便知有時如何。師曰。知有也未(僧將前語問保福。福云。此是誰語。僧云丹霞語。福云。去莫妨我打睡)。師入僧堂舉起疏頭曰。

---

42) 승려가 이 말을 들어 보복(保福)에게 가서 물으니, 보복이 말하기를 "그것이 누구의 말이던가?" 하였다. 승려가 말하기를 "단하(丹霞)의 말입니다." 하니, 보복이 말하기를 "가라. 내 낮잠을 방해하는구나." 하였다. (원주)

43) 소두(疏頭) : 축사를 써서 신앞에서 불사를 때 쓰는 도구.

"보았다 하면 본 것이 아니다. 보았는가?"

대중은 대답이 없었다.[44]

대사가 나산(羅山)에게 가서 새로 만든 닷집〔龕子〕[45]을 보고 주장자로 두드리면서 말하였다.

"꽤 빨리 준비했구나."

나산이 대답하였다.

"아주 졸렬합니다."

"즐거이 들어가겠는가?"

"흠(吽)."

대사가 상당하였을 때 대중이 모여 좌정하니, 대사가 승려 하나를 끌어내어 말하였다.

"대중은 이 승려에게 절을 하라."

또 말하였다.

見即不見還見麼。衆無對(法眼代云。縱受得到別處亦不敢呈人)。師到羅山見新製龕子。師以杖敲之曰。大煞豫備。羅山曰。拙布置。師曰。還肯入也無。羅山曰。吽。師上堂大衆集定。師乃拽出一僧曰。大衆禮拜此僧。又曰。

---

44) 법안(法眼)이 대신 말하기를 "비록 받아 얻었다 해도 딴 곳에 가서 남에게 줄 수 없습니다." 하였다. (원주)

45) 닷집〔龕子〕: 법당 불상 위에 만들어 다는 장식.

"이 승려에게 무슨 장점이 있기에 대중을 보고 이 승려에게 절을 하라 했겠는가?"

대중은 대답이 없었다.

어떤 승려가 물었다.

"어떤 것이 문채가 나기 전의 일입니까?"

대사가 말하였다.

"그대가 먼저 말하라. 내가 나중에 말하리라."

그 승려가 서 있기만 하니,[46] 대사가 말하였다.

"그대는 무어라 했는가?"

"제가 말이 없었다는 것입니까?"

보복이 열반에 드니, 어떤 사람이 대사에게 물었다.

"보복이 껍질을 버리고 어디로 갔습니까?"

대사가 말하였다.

此僧有什麼長處。便教大眾禮拜。眾無對。問如何是文彩未生時事。師曰。汝先舉我後舉。其僧但立而已(法眼別云。請和尚舉)。師曰。汝作麼生舉。僧曰。某甲截舌有分。保福遷化。人問師。保福拋却殼漏子向什麼處去也。師曰。

46) 법안(法眼)이 따로 말하기를 "화상께서 말씀해 주십시오." 하였다. (원주)

"그대는 보복이 어떤 껍질 속에 있었다고 여기는가?"[47]

민수(閩帥)의 부인 최(崔)씨[48]가 사람 편에 옷과 물건을 보냈는데 그 사자(使者)가 와서 말하였다.

"연사(錬師)께서 대사의 회답을 받아오라 하셨습니다."

대사가 말하였다.

"연사께 가서 회답을 받으시라 해라."

조금 있다가 사자가 다시 대사의 앞에 와서 대답을 하고 돌아갔다. 이튿날 대사가 고을에 들어가니, 연사가 말하였다.

"어제 대사께서 회답해 주셔서 고맙습니다."

대사가 말하였다.

"어제의 회답을 다시 나에게 보여 주시오."

연사가 두 손을 벌리니, 민수가 대사에게 물었다.

"연사가 아까 대사께 드린 서신이 스님의 뜻에 맞습니까?"

且道保福在那箇殼漏子裏(法眼別云。那箇是保福殼漏子)。閩帥夫人崔氏(奉道自稱錬師)遣使送衣物至。云錬師令就大師請取迴信。師曰。傳語錬師領取迴信。須臾使却來師前唱喏便迴。師明日入府。錬師曰。昨日謝大師迴信。師曰。却請昨日迴信看。錬師展兩手。閩帥問師曰。錬師適來呈信還愜大師意否。

---

47) 법안(法眼)이 따로 말하기를 "어떤 것이 보복의 껍질입니까?" 하였다. (원주)
48) 도를 받들며 스스로 연사라고 칭했다. (원주)

대사가 말하였다.

"약간 비슷하더군요."[49]

"대사의 뜻은 무엇이었습니까?"

대사가 말없이 보이니, 민수가 말하였다.

"대사의 불법은 가히 헤아릴 수 없이 깊고 깊군요."

어떤 승려가 '고려의 어떤 스님이 명주(明州)에서 관음상 하나를 조성해 배에다 싣기 위하여 여럿이 메었으나 꼼짝도 하지 않았다'는 이야기를 들어, 개원사(開元寺)에 청해 모셔 공양을 올리고 대사에게 물었다.

"몸을 나투지 않는 세계가 없다 하는데, 어째서 고려에는 가지 않으려 했습니까?"

대사가 말하였다.

"몸을 나투어 두루하건만 형상으로 보기에 치우침이 생긴다."[50]

師曰。猶較些子(法眼別云。遮一轉語大王自道取)。曰未審大師意旨如何。師良久。帥曰。不可思議。大師佛法深遠。僧舉。高麗有僧造一觀音像。於明州上船眾力舁不起。因請入開元寺供養。問師。無剎不現身為什麼不肯去高麗。師曰。現身雖普覩相生偏(法眼別云。汝識得觀音未)。

49) 법안(法眼)이 따로 말하기를 "이 한마디 굴린 말이 대왕 자신의 도를 지닌 것이다." 하였다. (원주)

50) 법안(法眼)이 따로 말하기를 "그대는 관음을 아느냐, 모르느냐?" 하였다. (원주)

어떤 사람이 승려에게 물었다.

"어느 등에다 불을 켜리까?"

"장명등(長明燈)에다 켜라."

"언제 켜리까?"

"작년에 켰다."

"장명이 어디에 있습니까?"

승려가 대답이 없으니, 대사가 대신 말하였다.

"만일 이렇지 않으면 공께서 남의 속임을 받지 않는 줄 어찌 알았으리오."[51]

대사가 두 곳에서 법문을 열었는데, 무리가 천오백 명이었으며 민월(閩越) 지방에서 27년 동안 교화하였다. 후당(後唐)의 장흥(長興) 3년 임진(壬辰) 5월 17일에 입적하니, 수명은 79세이고, 법랍은 60세였다. 왕씨가 탑을 세웠다.

有人問僧。點什麼燈。曰長明燈。曰什麼時點。曰去年點。曰長明何在。僧無語。師代曰。若不如此爭知公不受人謾(法眼別云利動君子)。師兩處開法。徒眾一千五百。化行閩越二十七載。後唐長興三年壬辰五月十七日歸寂。壽七十有九。臘六十。王氏建塔。

---

51) 법안(法眼)이 따로 말하기를 "군자는 움직이는 대로 이롭게 한다." 하였다. (원주)

토끼뿔

ꩨ "내가 항상 승려들에게 말하기를 남산에 별비사(鼈鼻蛇) 한 마리가 있으니, 그대들은 잘 살피라고 하였다." 했을 때

대원은 "별비사가 입 댈 곳이나 일러 보시오." 하리라.
"험."
"험."

ꩨ "어떤 것이 상좌의 본분의 일인가?" 했을 때

대원은 "영산회상의 가섭의 웃음도 허락하지 않소." 하리라.

ꩨ "이 승려에게 무슨 장점이 있기에 대중을 보고 이 승려에게 절을 하라 했겠는가?" 했을 때

대원은 "그 비밀을 저 당간지주가 누설한다." 하리라.

복주(福州) 대보산(大普山) 현통(玄通) 선사

현통 선사는 복주(福州)의 복당(福唐) 사람이다. 도솔산(兜率山)에서 업을 닦다가 설봉을 스승으로 섬기기 몇 해 만에 심법(心法)을 받아 가지고 대보산에 살기 시작하였다.

어떤 승려가 물었다

"이룡(驪龍)[52]의 턱에 있는 여의주를 어떻게 해야 얻습니까?"

대사가 손뼉을 치고는 눈을 깜박이고 있었다.

"방편 이전의 일은 어떠합니까?"

대사가 그 승려를 밀어냈다.

"어떤 것이 조사께서 서쪽에서 오신 뜻입니까?"

"해골 뼈나 물어뜯는 놈은 물러가라."

福州大普山玄通禪師。福州福唐人也。受業於兜率山。師事雪峯。經數稔。受心法。止於大普焉。僧問。驪龍頷下珠如何取得。師乃拊掌瞬視。問方便以前事如何。師托出其僧。問如何是祖師西來意。師曰。咬骨頭漢出去。

52) 이룡(驪龍) : 여의주를 물고 있는 검은 용.

"티끌을 헤치고 부처를 볼 때에는 어떠합니까?"
"칼〔枷〕이나 벗고 와서 헤아려라."

"아주 급히 와서 뵈었으니 스님께서 지도해 주십시오."
"둔한 놈이구나."

問撥塵見佛時如何。師曰。脫枷來商量。問急急相投請師接。師曰。鈍漢。

토끼뿔

“방편 이전의 일은 어떠합니까?” 했을 때

대원은 “그런 말도 없다. 험.” 하리라.

항주(杭州) 용책사(龍冊寺) 순덕(順德) 도부(道怤) 대사

도부 대사는 영가(永嘉) 사람으로 성은 진(陳)씨이다. 어릴 적부터 누린내 나는 것을 먹지 않으므로 집안 어른들이 억지로 마른 고기를 먹였더니, 즉시에 구역질을 하고는 마침내 출가하기를 청하였다.

고향의 개원사(開元寺)에 가서 계를 받고 행각을 떠나 민천(閩川)에 이르러 설봉을 뵈니, 설봉이 물었다.

"어디 사람인가?"

"온주(溫州) 사람입니다."

"그러면 일숙각(一宿覺)과 한 고향이구나."

"일숙각은 어디 사람입니까?"

"한 방망이 호되게 맞는 것이 좋겠지만 놓아준다."

杭州龍冊寺順德大師道怤。永嘉人也。姓陳氏。丱歲不食葷茹。親黨强啖以枯魚隨即嘔噦。遂求出家。於本州開元寺受具。遊方抵閩川謁雪峯。峯問。什麼處人。曰溫州人。雪峯曰。恁麼即與一宿覺是鄉人也。曰只如一宿覺是什麼處人。雪峯曰。好喫一頓棒。且放過。

어느 날 대사가 물었다.

"고덕(古德)들은 마음으로 마음을 전하시지 않았습니까?"

설봉이 말하였다.

"뿐만 아니라 문자나 어구(語句)도 세우지 않았느니라."

"문자와 어구를 세우지 않는다면 스님께서는 어떻게 전하십니까?"

설봉이 말없이 보이니, 대사가 절을 하고 사례하였다.

이에 설봉이 말하였다.

"다시 한 차례 나에게 묻는 것이 좋지 않겠는가?"

대사가 말하였다.

"화상께 한 가지 질문을 하겠습니다."

"그것뿐인가, 아니면 따로 헤아릴 일이 있는가?"

"화상께서는 그렇게 하시면 됩니다."

설봉이 말하였다.

"그대에게 있어서는 어떠한가?"

"사람에게 은혜를 저버리게 하는군요."

一日師問。只如古德豈不是以心傳心。雪峯曰。兼不立文字語句。曰只如不立文字語句。師如何傳。雪峯良久。師禮謝。雪峯曰。更問我一轉豈不好。曰就和尚請一轉問頭。雪峯曰。只恁麼為別有商量。曰和尚恁麼即得。雪峯曰。於汝作麼生。曰孤負殺人。

어느 때 설봉이 대중에게 말하였다.

“가없이 두루하구나.”

이에 대사가 나서서 물었다.

“가없이 두루한 것은 무엇입니까?”

설봉이 일어서면서 말하였다.

“무엇이라 했는가?”

대사가 뒤로 물러나서 서 있었다.

설봉이 베풀어 말하였다.

“이 일은 이처럼 존귀하고 이처럼 면밀하다.”

대사가 말하였다.

“도부가 온 지 몇 해가 지났지만 화상께서 그렇게 보이시고 가르치시는 것은 듣지 못했습니다.”

“내가 전에는 없었지만 지금에 있어서 방해되는 일이 있지나 않는가?”

雪峯有時謂衆曰。堂堂密密地。師出問曰。是什麼堂堂密密。雪峯起立曰。道什麼。師退步而立。雪峯垂語曰。此事得恁麼尊貴。得恁麼綿密。對曰。道怤自到來數年不聞和尚恁麼示誨。雪峯曰。我向前雖無如今已有莫有所妨麼。

대사가 말하였다.

"그렇지 않습니다. 이것은 화상께서 어쩔 수 없는 것일 뿐입니다."

설봉이 말하였다.

"내가 이렇게 정성을 다할 뿐이다."

대사가 이로부터 깊이 믿게 되어 대중을 따라 수행하니, 민중(閩中)에서 소부포납(小怤布衲)이라 불렀다.

울력을 하는 자리에서 설봉이 위산의 '색(色)을 볼 때 바로 마음을 본다'는 말을 들어 대사에게 물었다.

"이 말에 허물이 있겠는가?"

대사가 말하였다.

"옛사람이 무슨 일을 위했겠습니까?"

"아무리 그렇다 해도 그대와 같이 헤아려 봐야겠다."

"그러면 도부가 밭을 매는 것만 못하겠습니다."

어느 날 설봉이 대사에게 물었다.

曰不敢此是和尚不已而已。雪峯曰。致使我如此。師從此信入而且隨眾。閩中謂之小怤布衲。因普請處雪峯舉溈山見色便見心語。問師。還有過也無。曰古人為什麼事。雪峯曰。雖然如此要共汝商量。曰恁麼即不如道怤鋤地去。一日雪峯問師。

"어디서 오는가?"
대사가 말하였다.
"밖에서 옵니다."
설봉이 말하였다.
"어디서 달마를 만났는가?"
"다시 어느 곳을 말씀하십니까?"
"그대를 믿지 못하겠다."
대사가 말하였다.
"화상께서는 그렇게 망설이지 않는 것이 좋겠습니다."
설봉이 긍정하였다.

나중에 대사가 제방을 두루 다니면서 방편과 지혜가 더욱 늘어 조산(曹山)을 방문하니, 본적(本寂, 조산) 화상이 물었다.
"어디서 왔는가?"
"어제 명수(明水)에서 떠났습니다."
"언제 명수에 이르렀는가?"
"화상께서 이르실 때 이르렀습니다."

何處來。曰從外來。雪峯曰。什麼處逢見達磨。曰更什麼處。雪峯曰。未信汝在。曰和尚莫恁麼粘膩好。雪峯肯之。師後遍歷諸方益資權智。因訪曹山寂和尚。問什麼處來。曰昨日離明水。寂曰。什麼時到明水。曰和尚到時到。

본적이 말하였다.

“그대는 내가 언제 이르렀다고 여기는가?”

대사가 말하였다.

“기억한 것과 똑같이 일치합니다.”

“그렇고 그렇느니라.”

대사가 참문을 마치고, 청을 받아 월주(越州)의 경청(鏡淸) 선원에 살면서 설봉의 종지를 제창하니, 학자들이 모여들었다.

부사(副使)인 피광업(皮光業)은 일휴(日休)의 아들로 풍부한 말과 학문으로 자주 어려운 질문을 하였는데, 물러가서 사람들에게 이렇게 말하였다.

“도부 대사의 고매한 이론은 사람들이 아무도 그 극치를 엿보지 못하리라.”

새로 온 승려가 와서 뵈니, 대사가 불자를 들어보였다. 이에 승려가 말하였다.

寂曰。汝道我什麼時到。曰適來猶記得。寂曰。如是如是。師罷參受請止越州鏡清禪苑。唱雪峯之旨。學者奔湊。副使皮光業者日休之子也。辭學宏贍屢擊難之。退謂人曰。怤師之高論人莫窺其極也。新到僧參。師拈起拂子。僧曰。

"오랫동안 경청의 소문을 들었는데, 아직도 그런 것이 남았군요."

대사가 말하였다.

"오늘은 사람을 만나기도 했고, 만나지 않기도 했다."

"어떤 것이 영원(靈源)의 곧은 도입니까?"

"경호의 물이 퍽이나 깊다."

대사가 어떤 승려에게 물었다.

"어디서 왔는가?"

"응천(應天)에서 왔습니다."

"뱀장어를 보았는가?"

"보지 못했습니다."

"그대가 뱀장어를 보지 못했는가? 뱀장어가 그대를 보지 못했는가?"

"모두 아닙니다."

"그대는 다만 처음을 삼가하고 끝을 보호할 줄만 아는구나."

久嚮鏡清猶有遮箇在。師曰。今日遇人又不遇人。問如何是靈源一直道。師曰。鏡湖水可殺深。師問僧。什麼處來。曰應天來。師曰。還見鰻鱺魚麼。曰不見。師曰。闍梨不見鰻鱺鰻鱺不見闍梨。曰總不恁麼。師曰。闍梨只解慎初護末。

"학인이 그 근원을 통달하지 못하니, 스님의 방편을 바랍니다."

대사가 말하였다.

"어떤 근원인가?"

승려가 말하였다.

"그 근원 말입니다."

"만일 그 근원이라면 어찌 방편을 받아들일 수 있으리오."

승려가 절을 하고 뒤로 물러가니, 시자가 물었다.

"화상께서는 아까부터 저 사람이 묻도록 하신 것이 아닙니까?"

"아니다."

"저 사람이 묻지 않도록 하신 것이 아닙니까?"

"아니다."

"도대체 무슨 뜻인지 모르겠습니다."

"먹물 한 방울이 두 곳에서 용이 된다."

대사가 휘장 안에 앉았는데 어떤 승려가 문안을 하니, 대사가 휘장을 열어 젖히면서 말하였다.

問學人未達其原請師方便。師曰。是什麼原。僧曰。其原。師曰。若是其原爭受方便。僧禮拜。退後侍者問曰。和尚適來莫是成他問否。師曰。無。曰莫是不成他問否。師曰。無。曰未審畢竟意作麼生。師曰。一點水墨兩處成龍。師在帳中坐。有僧問訊。師撥帳開曰。

"끊을 때 끊지 않으면 도리어 혼란을 일으킨다."

승려가 말하였다.

"끊을 때인데 어째서 끊지 않으십니까?"

"내가 만일 법을 다한다면 백성들이 없어질까 두렵다."

"백성들이 없어지는 것은 두렵지 않으니, 스님께서 법을 다해 주십시오."

"유나야, 이 승려를 끌어내라."

또 말하였다.

"그만두어라. 내가 남방에 있을 때부터 저런 화상이 올 줄을 알고 있었다."

울력으로 김을 매는데 욕두(浴頭)[53]가 와서 대사에게 목욕을 하라 했으나, 대사는 돌아보지도 않았다. 이렇게 세 차례를 거듭 청하니, 대사가 호미를 들어 때리는 시늉을 하였다. 이에 욕두가 달아나자 대사가 불렀다.

"이리 오라, 이리와."

當斷不斷返招其亂。僧曰。既是當斷為什麼不斷。師曰。我若盡法直恐無民。曰不怕無民請師盡法。師曰。維那拽出此僧著。又曰。休休。我在南方識伊和尚來。因普請鋤草次。浴頭請師浴。師不顧。如是三請。師舉钁作打勢。浴頭乃走。師召曰。來來。

---

53) 욕두(浴頭) : 목욕을 담당하는 행자.

욕두가 고개를 돌리자, 대사가 말하였다.

"이 후에 작가(作家)를 만나거든 분명히 이야기하라."

그 승려가 나중에 보복에게 가서 앞의 일을 이야기하는데, 채 마치기도 전에 보복이 손으로 그 승려의 입을 막았다.

승려가 돌아와서 대사에게 이야기하니, 대사가 말하였다.

"그대가 그렇다 하더라도 작가는 못된다."

대사가 하옥(荷玉)에게 물었다.

"어디서 오는가?"

"천태(天台)에서 옵니다."

"내가 언제 그대에게 천태를 물었는가?"

"화상은 어찌 용두사미가 되십니까?"

"경청이 오늘 손해를 보았다."

대사가 경을 보는데, 어떤 승려가 물었다.

"무슨 경을 보십니까?"

浴頭迴首。師曰。向後遇作家分明擧似。其僧後至保福擧前語未了。保福以手掩其僧口。僧却迴擧似師。師曰。饒汝恁麼也未作家。師問。荷玉什麼處來。曰天台來。師曰。我豈是問汝天台。曰和尚何得龍頭蛇尾。師曰。鏡清今日失利。師看經。僧問。和尚看什麼經。

대사가 말하였다.

“내가 옛 분들이 백초(百草)를 겨루는데 참여했다.”

그리고는 도리어 물었다.

“그대가 알겠는가?”

“어릴 적부터 이렇게 왔습니다.”

“지금은 어떠한가?”

승려가 주먹을 드니, 대사가 말하였다.

“내가 그대에게 졌다.”

어떤 승려가 참배하러 오니, 대사가 물었다.

“어디서 왔는가?”

“불국(佛國)에서 왔습니다.”

“부처님은 무엇으로 국토를 삼는가?”

“청정한 장엄으로 국토를 삼습니다.”

“국토는 무엇으로 부처를 삼는가?”

“묘함, 청정함, 참됨, 항상함으로 부처를 삼습니다.”

師曰。我與古人鬪百草。師却問。汝會麼。曰小年也曾恁麼來。師曰。如今作麼生。僧擧拳。師曰。我輸你也。僧到參。師問。闍梨從什麼處來。曰佛國來。師曰。佛以何為國。曰清淨莊嚴為國。師曰。國以何為佛。曰妙淨真常為佛。

대사가 말하였다.

"그대는 묘하고 청정함에서 왔는가, 장엄에서 왔는가?"

"대답 못할 것이 없습니다."

"허허(噓噓), 다른 곳에서 딴 사람이 그대에게 묻거든 그런 대답을 하지 말라."

전왕(錢王)이 고을 안의 선법(禪法)을 더 널리 펴기 위하여 천룡사(天龍寺)에 살게 명하고, 처음으로 대사를 뵙고 나서 말하였다.

"참으로 도인입니다."

그리고는 정중히 예를 올리니, 이로부터 오월(吳越) 지방에서 현학(玄學)이 번성하였다. 그 뒤에 다시 용책사를 짓고 대사를 청해 살게 하였다.

대사가 법상에 올라 말하였다.

"지금 어쩔 수 없어서 그대들에게 이르니, 만일 스스로가 증험하여 분명하게 참으로 그대의 분상(分上)에 이르렀다면 무엇 때문에 생소하다 하는가?

師曰。闍梨從妙淨來莊嚴來。曰無不答對。師曰。噓噓別處有人問汝。不可作遮箇語話。錢王欲廣府中禪會。命居天龍寺。始見師乃曰。真道人也。致禮勤厚。由是吳越盛於玄學。其後又創龍冊寺延請居焉。師上堂曰。如今事不得已向汝道。若自驗。著實箇親切到汝分上。因何特地生疎。

다만 집안을 버려둔 지 오래되고, 헤맨 세월이 깊도록 한결같이 티끌 경계를 반연하여 이런 소견을 이루었으니, 이 까닭에 깨달음을 등지고 티끌에 합했다 하기도 하고, 아비를 버리고 도망했다고도 한다. 이제 형제에게 권하니, 쉬지 못한 이는 쉬어가는 것이 좋고, 깨닫지 못한 이는 깨닫는 것이 좋겠다.

대장부가 그토록 기개가 없이 도리어 탄식하기만 할 것인가? 종일토록 끝없이 헤매면서 왜 집으로 가는 갈 길을 찾지 않는가? 아무도 나에게 집으로 가는 외길을 묻는 이가 없더라."

이때에 어떤 승려가 물었다.

"어떤 것이 집으로 가는 외길이란 말입니까?"

대사가 말하였다.

"허허, 매를 맞고 싶거든 말하라."

"그렇다면 학인이 잘못했습니다."

"하마터면 그대에게 박살을 당할 뻔했구나."

只為拋家日久流浪年深。一向緣塵致見如此。所以喚作背覺合塵。亦名捨父逃逝。今勸兄弟。未歇歇去好。未徹徹去好。大丈夫兒得恁麼無氣概。還惆悵麼。終日茫茫地。何不且覓取箇管帶路好。也無人問我管帶一路。時有僧問。如何是管帶一路。師曰。噓噓要棒即道。曰恁麼即學人罪過也。師曰。幾被汝打破。

채주(蔡州)가 물었다.
“근원은 없고 길만 있어 돌아오지 못할 때에는 어떠합니까?”
대사가 말하였다.
“승려여, 앉으려면 앉아라.”

“어떤 것이 마음입니까?”
“옳다 하여도 두 개다.”
“옳지 않다 할 때에는 어떠합니까?”
“또한 옳은 것도 이루지 못한 것이다.”
“옳음도 옳지 않음도 모두 아닐 때에는 어떠합니까?”
“더 많이 지껄이는 허물이 있다.”

“하루 종일 무엇으로 증험을 삼습니까?”
“힘을 얻거든 나에게 말하라.”
승려가 “예.” 하고 대답하니, 대사가 말하였다.
“십만팔천 리가 오히려 가깝구나.”

蔡州問。無源有路不歸時如何。師曰。遮箇師僧得坐便坐。問如何是心。師曰。是即二頭。曰不是如何。師曰。又不成是頭。曰是不是總不恁麼時如何。師曰。更多饒過。問十二時中以何為驗。師曰。得力即向我道。僧曰。諾。師曰。十萬八千猶可近。

"어떻게 하면 방편문을 빠르고 쉽게 성취합니까?"
"빠르고 쉽게 성취하라."
"그렇지만 학인은 분명하게 볼 수 없으니 어찌합니까?"
"대신할 수 있으면 대신하겠다."

"어떤 것이 현묘한 가운데의 현묘입니까?"
"이것이 아니고 무엇이겠는가?"
"마주 대할 수 있는 것이겠습니까?"
"나무머리가 말할 줄도 아는구나."

"어떤 것이 사람이 무심으로 도에 합하는 것입니까?"
"어째서 도가 무심히 사람에게 합하는 것을 묻지 않는가?"
"어떤 것이 도가 무심히 사람에게 합하는 것입니까?"
"백운은 잠시 청산으로 오는 것이 무방하지만, 명월이야 어찌 청천에서 떨어지라 하겠는가?"

問如何是方便門速易成就。師曰。速易成就。曰爭奈學人領覽未的。師曰。代得也代却。問如何是玄中玄。師曰。不是是什麼。曰還得當也無。師曰。木頭也解語。問如何是人無心合道。師曰。何不問道無心合人。曰如何是道無心合人。師曰。白雲乍可來青嶂。明月那教下碧天。

"학인이 이르지 못할 곳을 스님께 청해 묻는다면 대답하지 마시고, 화상께서 대답해 이르지 못할 곳이라면 학인은 묻지 않겠습니다."

대사가 멱살을 잡고 말하였다.

"이것이 나의 도리인가, 그대의 도리인가?"

"화상께서 저를 때리신다면 저도 화상을 때리겠습니다."

"짝을 만나거든 밭갈이나 하라."

승려가 귀종(歸宗)을 하직하는 어느 승려의 이야기를 들어 물었다.

"귀종이 묻기를 '어디로 가는가?'라고 하니, 승려가 대답하기를 '백장(百丈)으로 오미선(五味禪)[54]을 배우러 갑니다.'라고 하자, 귀종은 아무 말도 하지 않았습니다."

대사가 이내 말하였다.

"귀종의 남음 없는 행의 일이었느니라."

問學人問不到處請師不答。和尚答不到處學人即不問。師乃搊住曰。是我道理是汝道理。曰和尚若打學人。學人也即却打也。師曰。得對相耕去。僧舉問。有僧辭歸宗。宗問。什麼處去。曰百丈學五味禪去。歸宗不語。師乃曰。緣歸宗單行底事。

---

54) 오미선(五味禪) : 외도선, 범부선, 소승선, 대승선, 최상승선.

승려가 물었다.
"어떤 것이 귀종의 남음 없는 행의 일입니까?"
"방망이가 다 없어졌으니 절 밖으로 쫓아내라."
승려가 절을 하니, 대사가 말하였다.
"어떻게 생각하는가?"
"학인이 잘못했습니다."
"그대가 그럴 줄 짐작은 했었다."

"듣건대 스님께서 제방에는 설치는 이 아니면 틀에 박힌 사람이거나 무리지어 노는 사람이라 하셨다는데, 화상은 어떠하십니까?"
"그대의 이 한 물음을 받고 나니 당장에 앞니가 빠졌다."

"어떤 것이 친하고도 분명하게 두루한 일입니까?"
"일상으로 써서 남에게까지 미치게 하느니라."

僧問。如何是歸宗單行底事。師曰。棒了趁出院。僧禮拜。師曰。作麼生會。曰學人罪過。師曰。料汝恁麼去。問承師有言。諸方若不是走作便是籠人罩人。未審和尚如何。師曰。被汝致此一問。直得當門齒落。問如何是親的密密底事。師曰。常用及人。

"모르는 이는 어찌합니까?"
"맑아도 좋고, 비가 와도 좋다."

대사가 승려에게 물었다.
"문 밖에 무슨 소리냐?"
승려가 말하였다.
"빗방울 소리입니다."
"중생이 뒤바뀌어 자신을 미혹해서 물질을 좇는구나."[55)]

어떤 승려가 물었다.
"어떤 것이 같은 형상입니까?"
대사가 부젓가락을 화로 가운데에다 꽂으니, 승려가 또 물었다.
"어떤 것이 다른 형상입니까?"
대사가 또 부젓가락을 화로 가장자리에 꽂았다.[56)]

曰不知者如何。師曰。好晴好雨。師問僧。門外什麼聲。曰雨滴聲。師曰。眾生顛倒迷己逐物(法眼別云畫出)。僧問。如何是同相。師將火筯插向鑪中。僧又問。如何是別相。師又將火筯插向一邊(法眼別云。問不當理)。

---

55) 법안(法眼)이 따로 말하기를 "그려 봐라." 하였다. (원주)
56) 법안(法眼)이 따로 말하기를 "묻는 것이 이치에 맞지 않는다." 하였다. (원주)

어떤 승려가 동자(童子) 하나를 데리고 와서 말하였다.

"이 아이가 항상 스님들께 불법 묻기를 좋아하니, 화상께서 시험해 보십시오."

대사가 차를 끓이라 해서 동자가 차를 끓여 오니, 대사가 마시고 동자에게 잔을 넘겨주었다. 동자가 가까이 와서 받으려 하니, 대사가 넘겨주려던 잔을 거두면서 말하였다.

"이를 수 있겠느냐?"

동자가 말하였다.

"물으십시오."[57]

이에 그 승려가 물었다.

"이 아이의 견해가 어떠합니까?"

"겨우 한 생이나 두 생 동안 계를 지킨 승려이다."

대사가 세 곳에서 법문을 열어 설법하신 것을 문인들이 기록했는데 이제 그 줄거리만을 간추려 둔다.

有僧引童子到曰。此兒子常愛問僧佛法。請和尚驗看。師乃令點茶。童子點茶來。師啜訖過盞托與童子。童子近前接。師却縮手曰。還道得麼。童子曰。問將來(法眼別云。和尚更喫茶否)。僧問。和尚此兒子見解如何。師曰。也只是一兩生持戒僧。師三處開法語要隨門人編錄。今但梗概而已。

57) 법안(法眼)이 따로 말하기를 "화상은 차나 더 드시지요." 하였다. (원주)

진(晉)의 천복(天福) 2년 정유(丁酉) 8월에 입멸하니, 수명은 74세였다. 승속간에 슬프게 곡을 하면서 상복을 입은 이가 퍽 많았다. 대자산(大慈山)에서 다비를 하여 얻은 사리는 용모산(龍母山)에 탑을 세워 안치하였다.

晉天福二年丁酉八月示滅。壽七十四。黑白哀號制服者甚衆。荼毘於大慈山獲舍利。就龍母山之陽建塔。

ꩠ "근원은 없고 길만 있어 돌아오지 못할 때에는 어떠합니까?" 했을 때

대원은 "이렇게 거리 없다."라는 말과 동시에 때렸을 것이다.

ꩠ "어떤 것이 사람이 무심으로 도에 합하는 것입니까?" 했을 때

대원은 "사람이 도일 때이니라." 하리라.

ꩠ "어떤 것이 귀종의 남음 없는 행의 일입니까?" 했을 때

대원은 "낮이면 소임의 일을 하고 밤이면 자는 것이다." 하리라.

ⓒ"듣건대 스님께서 제방에는 설치는 이 아니면 틀에 박힌 사람이거나 무리지어 노는 사람이라 하셨다는데, 화상은 어떠하십니까?" 했을 때

대원은 "험. 차나 들라." 하리라.

ⓒ"어떤 것이 친하고도 분명하게 두루한 일입니까?" 했을 때

대원은 "이렇느니라." 하리라.

ⓒ 대사가 넘겨주려던 잔을 거두면서 "이를 수 있겠느냐?" 했을 때

대원은 "이렇게 번듯한 일을 새삼스럽습니다." 했을 것이다.

복주(福州) 장생산(長生山) 교연(皎然) 선사

교연 선사는 본 고을 사람이었는데 설봉(雪峯)에게 입실하여 비밀하게 심인(心印)을 전해 받고 10년 동안 시봉을 하였다.

어느 날 다른 승려와 나무를 패는데, 설봉이 말하였다.

"중심까지 쪼개지거든 멈춰라."

대사가 말하였다.

"쪼개 버리겠습니다."

설봉이 다시 말하였다.

"옛사람은 마음으로 마음을 전했는데, 그대는 어째서 쪼개버린다 하는가?"

대사가 도끼를 던지면서 말하였다.

"전했다고요?"

설봉이 주장자로 한 대 때리고 물러갔다.

福州長生山皎然禪師。本郡人。入雪峯室密受心印。執侍經十載。因與僧斫樹。雪峯曰。斫到心且住。師曰。斫却著。雪峯曰。古人以心傳心。汝為什麼道斫却。師擲下斧子曰。傳。雪峯打一拄杖而去。

어떤 승려가 설봉에게 물었다.

"어떤 것이 제일구(第一句)입니까?"

설봉이 말없이 보이자, 그 승려가 물러나서 대사에게 이야기하니 대사가 말하였다.

"그것은 제이구(第二句)이다."

설봉이 그 승려에게 명하여 대사를 오게 하였다.

"어떤 것이 제일구인가?"

대사가 통곡을 하였다.

"아이고, 아이고."

설봉이 나무를 나르는 울력을 하다가 대사에게 물었다.

"옛사람이 말하기를 '삿갓 밑의 자리를 누가 알겠는가? 원래 이것이 사람의 옛 근심이었다.'라고 하였는데, 옛사람의 뜻이 무엇이겠는가?"

대사가 삿갓을 비스듬히 쓰면서 말하였다.

"이것은 누구의 말이던가요?"

僧問雪峯。如何是第一句。雪峯良久。僧退擧似於師。師曰。此是第二句。雪峯再令其僧來。問如何是第一句。師曰。蒼天蒼天。雪峯普請般柴。問師曰。古人道。誰知席帽下元是昔愁人。古人意作麼生。師側戴笠子曰。遮箇是什麼人語。

설봉이 대사에게 물었다.

"경을 가진 이는 능히 여래를 짊어진 것이라고 했는데, 어떤 것이 여래를 짊어지는 것인가?"

대사가 설봉을 부축하여 선상에 앉게 하였다.

설봉이 울력을 마치고 등(藤) 덩굴 한 뭉치를 메고 오다가 길에서 어떤 승려를 만나자, 등 뭉치를 던지고는 깍지를 끼고 섰다. 그 승려가 앞으로 가까이 와서 들려고 하니, 설봉이 그 승려를 걷어차 버렸다.

나중에 설봉이 돌아와서 대사에게 이 일을 이야기하고 이어 말하였다.

"내가 오늘 그 승려를 걷어찼더니 이토록 상쾌하더라."

대사가 대답하였다.

雪峯問師。持經者能荷擔如來。作麼生是荷擔如來。師乃捧雪峯向禪床上著。雪峯普請歸。自將一束藤路上逢一僧。放下藤叉手立。其僧近前拈。雪峯即踢其僧。歸院後舉示於師曰。我今日踢那僧得恁麼快。師對曰。

"화상이 그 승려를 대신해서 열반당(涅槃堂)에 드셨군요."[58]

대사가 일찍이 어떤 암주를 찾아가서 이야기를 하니, 암주가 물었다.

"요즈음 어떤 승려가 와서 나에게 서쪽에서 오신 뜻을 묻기에 내가 불자를 들어보였는데 깨달았는지 모르겠습니다."

대사가 말하였다.

"어찌 깨달음과 깨닫지 못함을 말하리오."

어떤 이가 암주에게 물었다.

和尚却替那僧入涅槃堂(法眼住崇壽寺時有二僧各說道理請師斷。法眼云。汝兩僧一時入涅槃堂。玄覺云。什麼處是替那僧入涅槃堂處。崇壽稠云。此一轉語却還老兄。東禪齊云。只如長生意作麼生)。師嘗訪一庵主欵話。庵主曰。近有一僧問某甲西來意。遂舉拂子示之。不知還得也無。師曰。爭敢道得與不得。有人問庵主。

58) 법안(法眼)이 승수사에 있을 때에 두 승려가 제각기 도리를 이야기하면서 판단해 달라 하니, 법안이 말하기를 "두 승려는 동시에 열반당에 들라." 하였다.
현각(玄覺)이 말하기를 "어디가 그 승려를 대신하여 열반당에 든 곳인가?" 하였다.
승수조(崇壽稠)가 말하기를 "이 한 마디는 다시 노형께로 돌려야겠다." 하였다.
동선제(東禪齊)가 말하기를 "장생의 뜻은 무엇이겠는가?" 하였다. (원주)

“어떤 이는 이 일을 보림(保任)하여 호랑이 머리에 뿔이 돋은 것 같고, 어떤 이는 이 일을 싫어해 버려서 한 푼의 가치도 안 되니, 이 일은 어째서 헐뜯는 이와 찬탄하는 이가 같지 않습니까? 가려내어 주십시오.”

암주가 말하였다.

“가고 옴에 드러나 스스로 그러하거늘 어찌 가려내겠는가?”

대사가 말하였다.

“그렇다면 이 뒤로는 남을 지도하지 못하리다.”[59]

설봉이 대사에게 물었다.

“광명과 경계가 모두 없어지면 다시 무슨 물건이겠는가?”

대사가 대답하였다.

“저의 잘못이라고 책하지 않으신다면 감히 헤아려 보겠습니다.”

此事有人保任如虎頭帶角。有人嫌棄則不直一文錢。此事為什麼毀譽不同。請試揀出看。曰適來出自偶然。爭揀得出。師曰。若恁麼此後不得為人(玄覺云。一等是恁麼事。為什麼有得有失。上座若無智眼難辨得失)。雪峯問師。光境俱亡復是何物。師曰。放皎然過敢有商量。

59) 현각(玄覺)이 말하기를 “이런 일은 온통 같은 것인데, 어찌 얻고 잃음이 있게 되겠는가? 상좌가 만약 지혜의 눈이 없다면 얻고 잃음을 판단하기 어려울 것이다.” 하였다. (원주)

설봉이 말하였다.

"그대의 잘못이라 책하지 않는다면 어떻게 헤아린단 말인가?"

"저도 화상의 잘못을 책하지 않겠습니다."

설봉이 깊이 긍정하였다. 이어 수기를 받고 장생산에 살면서 교화하였다.

어떤 승려가 물었다.

"위로부터의 종승을 어떻게 드날리십니까?"

대사가 말하였다.

"그대 하나를 위해서 장생산을 버릴 수 없다."

"옛사람이 말하기를 '무명이 곧 불성이니, 번뇌를 끊을 것도 없다.'라고 했는데, 무명이 곧 불성인 것은 어떤 것입니까?"

대사가 화를 내는 모습으로 주먹을 쳐들면서 말하였다.

"오늘 저 승려를 때려 물리치리라."

雪峯曰。放汝過作麼生商量。曰皎然亦放和尚過。雪峯深許之。尋受記止於長生山分化焉。僧問從上宗乘如何擧唱。師曰不可爲闍梨荒却長生山也。問古人有言。無明即佛性煩惱不須除。如何是無明即佛性。師忿然作色擧拳訶曰。今日打遮師僧去也。

어떤 승려가 물었다.

"어떤 것이 번뇌를 없앨 것도 없는 것입니까?"

대사가 손으로 머리를 긁으면서 말하였다.

"저 승려가 저토록 인간의 업을 발동시키는구나."

"길에서 도를 통달한 사람을 만나면 말이나 침묵으로 대하지 않는다 하니, 어떻게 대합니까?"

"종이 위에 먹이나 올리는데 뛰어나서 뭐 하겠느냐?"

민수(閩帥)가 선주 대사(禪主大師)라 불렀는데 그가 임종한 곳은 알 수 없다.

僧曰。如何是煩惱不須除。師以手挐頭曰。遮師僧得恁麼發人業。問路逢達道人不將語默對。未審將什麼對。師曰。上紙墨堪作什麼。閩帥署禪主大師。莫知所終。

토끼뿔

ᢂ "위로부터의 종승을 어떻게 드날리십니까?" 했을 때

대원은 "그대 같은 이에게 나는 대천계의 모든 것을 써서 드날린다." 하리라.

ᢂ "길에서 도를 통달한 사람을 만나면 말이나 침묵으로 대하지 않는다 하니, 어떻게 대합니까?" 했을 때

대원은 "백아와 종자기의 만남인들 이에 비하겠느냐?" 하리라.

신주(信州) 아호산(鵝湖山) 지부(智孚) 선사

지부 선사는 복주(福州) 사람으로 처음에는 강원에 몸을 담아 장안(長安)에서 수업을 하다가 현극(玄極)한 이치를 사모하여 설봉에게 갔다. 몇 해 동안 섬기다가 심법(心法)을 깨달은 뒤에는 인연을 따라 아호산에 있으면서 법석(法席)을 크게 열었다.

어떤 승려가 물었다.
"만법이 하나로 돌아가는데, 하나는 어디로 돌아갑니까?"
대사가 말하였다.
"그대 한 사람만이 바쁜 것이 아니니라."

"허공이 경을 강설하면 무엇으로 종(宗)을 삼습니까?"
"그대는 청중(聽衆)이 못된다. 나가거라."

信州鵝湖智孚禪師。福州人也。始依講肆肄業於長安。因思玄極之理。乃造雪峯師事數年。既領心訣隨緣而止鵝湖大張法席。僧問。萬法歸一一歸何所。師曰。非但闍梨一人忙。問虛空講經以何為宗。師曰。闍梨不是聽衆出去。

"오역죄(五逆罪)를 범한 아들도 아비의 언약을 받을 수 있습니까?"
"비록 스스로 결정할 수 있다 해도 자기 자신을 상하는 것을 면하지 못한다."

"어떤 것이 부처도 초월하는 사람입니까?"
"그대가 어쩔 수 없다는 것을 알고 있었다."
"어째서 어쩌지 못합니까?"
"마치지 못한 젊은이가 군자를 알아보랴."

어떤 사람이 와서 경산(徑山) 화상이 입적했다고 아뢰니, 곁에 있던 승려가 물었다.
"경산 화상이 입멸했는데, 어디로 갔습니까?"
대사가 말하였다.
"매우 영리하기가 그대보다 훨씬 나은 이도 있다."

問五逆之子還受父約也無。師曰。雖有自裁未免傷己。問如何是佛向上人。師曰。情知闍梨不奈何。曰為什麼不奈何。師曰。未必小兒得見君子。有人報云。徑山和尚遷化也。僧問。徑山遷化向什麼處去。師曰。大有靈利底過於闍梨。

"옛부터 있는 한 구절을 스님께서 말씀해 주십시오."
"발꿈치 밑에서 무엇을 찾는가?"
"지금 묻는 것을 봅니다."
"보아하니 그대는 몸을 변화하지 못했구나"

"설봉이 주장자를 던진 뜻이 무엇입니까?"
대사가 향수저를 던지니, 승려가 말하였다.
"그 뜻이 무엇입니까?"
"좋은 종자가 아니니, 나가거라."

"어떤 것이 아호의 제일구(第一句)입니까?"
"무엇으로 이르는가?"
"어찌하여야 곧 옳겠습니까?"
"나의 낮잠을 방해하는구나."

問在先一句請師道。師曰。脚跟下探取什麼。曰即今見問。師曰。看闍梨變身不得。問雪峯抛下拄杖意作麼生。師以香匙抛下地。僧曰。未審此意如何。師曰。不是好種。出去。問如何是鵝湖第一句。師曰。道什麼。曰如何即是。師曰。妨我打睡。

"묻지도 대답하지도 않을 때에는 어떠합니까?"
"남에게 물어서 어찌 알리오."

"길 잃은 아이가 아직 집으로 돌아오지 않았을 때에는 어떠합니까?"
"길에 있지 않다."
"돌아온 뒤에는 어떠합니까?"
"정말로 길을 잃었군."

"어떤 것이 근원이 되는 일입니까?"
"도중에서 무엇을 찾는가?"

"어떤 것이 일구(一句)입니까?"
"알겠는가?"
"그것으로 되지 않겠습니까?"
"아이고, 아이고."

問不問不答時如何。師曰。問人焉知。問迷子未歸家時如何。師曰。不在途。曰歸後如何。師曰。正迷。問如何是源頭事。師曰。途中覓什麼。問如何是一句。師曰。會麼。曰恁麼莫便是否。師曰。蒼天蒼天。

경청(鏡淸)이 물었다.
"어떤 것이 지금입니까?"
대사가 말하였다.
"어찌 다시 지금이라 합니까?"
"몇 번이나 곁가지로 나갔던고?"
"말을 거슬러서 말에 순(順)해야 합니다."

鏡淸問。如何是即今底。師曰。何更即今。清曰。幾就支荷。師曰。語逆言順。

토끼뿔

ꩰ "만법이 하나로 돌아가는데, 하나는 어디로 돌아갑니까?" 했을 때

대원은 "코 끝에 눈이 차다." 하리라.

ꩰ "허공이 경을 강설하면 무엇으로 종(宗)을 삼습니까?" 했을 때

대원은 때렸으리라.

장주(漳州) 보은원(報恩院) 회악(懷岳) 선사

회악 선사는 천주(泉州) 사람으로 어려서는 고향의 성수원(聖壽院)에서 업을 닦았고, 설봉에서 참문을 마친 뒤에는 용계(龍溪)에 살았는데 현묘함을 찾는 무리가 모여들었다.

어떤 승려가 물었다.
"하루 종일 어떻게 행하여야 합니까?"
대사가 말하였다.
"움직이면 죽는다."
"움직이지 않을 때에는 어떠합니까?"
"여전히 옛 무덤을 지키는 귀신이다."

漳州報恩院懷岳禪師。泉州人也。少依本州聖壽院受業。罷參雪峯止龍溪。玄侶奔湊。僧問。十二時中如何行履。師曰。動即死。曰不動時如何。師曰。猶是守古塚鬼。

"어떤 것이 학인이 몸을 벗어날 곳입니까?"
"어떤 물건이 그대의 몸을 결박했던가?"
"그렇지만 몸을 벗어날 수 없으니 어찌하겠습니까?"
"허물이 누구에게 있는가?"

"어떤 것이 보은원의 신령스런 한 물건입니까?"
"그렇게 많은 술찌꺼기나 먹어서 무엇 하겠는가?"
"손발을 드러낸 것입니까, 드러내지 않은 것입니까?"
"이 속이 어떤 곳인가?"

"우두(牛頭)가 4조를 보기 전에는 어떠합니까?"
"만 리에 한 조각 구름이니라."
"본 뒤에는 어떠합니까?"
"가없이 이러-하네."

問如何是學人出身處。師曰。有什麼物纏縛闍梨。曰爭奈出身不得何。師曰。過在阿誰。問如何是報恩一靈物。師曰。喫如許多酒糟作麼。曰還露脚手也無。師曰。遮裏是什麼處所。僧問。牛頭未見四祖時如何。師曰。萬里一片雲。曰見後如何。師曰。廓落地。

"어떤 것이 불법의 대의입니까?"
"지난밤 삼경(三更)에 불씨를 잃었던가?"

"검은 구름이 어두움을 몰아오는데 누가 비를 맞을 자입니까?"
"높은 곳에 먼저 내리느니라."

"종승(宗乘)을 저버리지 않으려면 어떻게 제창해야 합니까?"
"산은 스스로가 산이라 하지 않고 물은 끊임이 없느니라."

"부처님께서 나시기 전에는 어떠하였습니까?"
"그대가 어찌 알겠는가?"
"티끌을 헤쳐서 부처를 볼 때에는 어떠합니까?"
"어느 해에 보겠는가?"

"사자가 굴에 있을 때에는 어떠합니까?"
"사자라는 것이 무엇 하는 가구(家具)인가?"

僧問。如何是佛法大意。師曰。昨夜三更失却火。問黑雲陡闇誰當雨者。師曰。峻處先傾。"問宗乘不却如何擧唱。師曰。山不自稱水無間斷。問佛未出世時如何。師曰。汝爭得知。問撥塵見佛時如何。師曰。什麼年中得見來。問獅子在窟時如何。師曰。獅子是什麼家具。

또 물었다.
"사자가 굴에서 나왔을 때에는 어떠합니까?"
"사자가 어디에 있는가?"
"어떤 것이 눈앞의 부처입니까?"
"빨리 절을 하라."

대사가 임종할 무렵에 법상에 올라 대중에게 보이고 말하였다.
"산승(山僧)이 12년 동안 종사의 법으로 가르침을 제창했는데, 여러분은 나의 어느 곳이 괴이하던가? 만일 삼승의 경전과 다섯 종파의 논함을 듣고자 하면, 여기서 개원사(開元寺)가 지척이다."
말을 마치자 입적하였다.

又問。獅子出窟時如何。師曰。獅子在什麼處。問如何是目前佛。師曰。快禮拜。師臨遷化上堂示衆曰。山僧十二年來擧唱宗教。諸人怪我什麼處。若要聽三經五論。此去開元寺咫尺。言訖告寂。

 토끼뿔

“티끌을 헤쳐서 부처를 볼 때에는 어떠합니까?” 했을 때 대원은 “보았다면 본 것이겠는가?” 하리라.

항주(杭州) 서흥(西興) 화도(化度) 오진(悟真) 사욱(師郁) 대사

사욱 대사는 천주(泉州) 사람으로 설봉의 심인(心印)을 받은 뒤에 항주(杭州)와 월주(越州) 사이에서 인연이 있는 이들을 성대히 교화하였다. 나중에 서흥진(西興鎭)의 화도원(化度院)에 사니, 법석(法席)이 크게 번창하였다.

어떤 승려가 물었다.
"어떤 것이 서쪽에서 오신 뜻입니까?"
대사가 불자를 드니, 그 승려가 말하였다.
"학인이 잘 모르겠습니다."
"차나 마셔라."

杭州西興化度悟真大師師郁。泉州人也。自得雪峯心印。化緣盛於杭越之間。後居西興鎮之化度院。法席大興。僧問。如何是西來意。師舉拂子。僧曰。學人不會。師曰。喫茶去。

"어떤 것이 무봉탑입니까?"
"다섯 자나 여섯 자이니라."

"어떤 것이 한 티끌입니까?"
"구세(九世)[60]가 찰나에 나뉘어져 버리느니라."
"어찌하여야 법계를 삼켜 버리겠습니까?"
"법계가 어디에 있는가?"

"골짜기가 제각기 다른데 스님은 어떻게 하나로 밝히시겠습니까?"
"그대는 왜 헐떡거리는가?"

"학인은 초학자입니다. 스님께서 들어가는 길을 가리켜 보여 주십시오."
"그대는 교화하는 방도의 어디가 이상하다 하는가?"

問如何是無縫塔。師曰。五尺六尺。問如何是一塵。師曰。九世刹那分。曰如何含得法界。師曰。法界在什麼處。問谿谷各異師何明一。師曰。汝喘作麼。問學人初機。乞和尚指示入路。師曰。汝怪化度什麼處。

---

60) 구세(九世) : 과거 삼세, 현재 삼세, 미래 삼세.

"어떤 것이 빛을 따르는 마니주(摩尼珠)입니까?"
"청 · 황 · 적 · 백이니라."
"어떤 것이 빛을 따르지 않는 마니주입니까?"
"청 · 황 · 적 · 백이니라."

"어떤 것이 서쪽에서 오신 뜻입니까?"
"이것은 동쪽에서 왔다고 해도 맞고, 서쪽에서 왔다고 해도 맞다."

"우두가 4조를 보기 전에는 어떠하였습니까?"
"새와 짐승이 모두 미혹했다."
"본 뒤에는 어떠합니까?"
"산은 깊고 물은 차니라."

問如何是隨色摩尼珠。師曰。青黃赤白。曰如何是不隨色摩尼珠。師曰。青黃赤白。問如何是西來意。師曰。是東來是西來。問牛頭未見四祖時如何。師曰。鳥獸俱迷。曰見後如何。師曰。山深水冷。

"유마거사와 문수보살은 무슨 일을 이야기했습니까?"

"문 앞에 있는 경호수(鏡湖水)만이 청풍(淸風) 옛 물결을 변치 않고 있구나."

이로부터 명성이 널리 퍼지니, 전왕(錢王)이 그의 도덕을 소중히 여겨 자의 대사(紫衣大師)라는 호를 내렸다.

問維摩與文殊對談何事。師曰。唯有門前鏡湖水。淸風不改舊時波。自是聲聞於遐邇。錢王欽其道德。奉紫衣師號。

 토끼뿔

“유마거사와 문수보살은 무슨 일을 이야기했습니까?” 했을 때

대원은 “중천엔 해가 있어 빛나고, 못 가운데 연꽃이 화려한데 숲 속의 꾀꼬리들 노래일세.” 하리라.

복주(福州) 고산(鼓山) 흥성(興聖) 신안(神晏) 국사

신안 국사는 대양(大梁) 사람으로 성은 이(李)씨이다. 어릴 때부터 육식과 누린내를 싫어하고, 범종(梵鍾) 소리만을 좋아하였다. 12세가 되는 해에 몇 줄기 흰 서기(瑞氣)가 살고 있는 방안의 벽에 와서 닿으니, 대사는 곧 붓을 들고 그 벽에다 이렇게 썼다.

흰 서기야, 여기서 당장 사라져라
공연히 와서 요기를 피우지 말라
삿된 행을 물리치고 참에 돌아가면
반드시 범부를 초월하여 성현의 고향으로 들어가리

福州鼓山興聖國師神晏。大梁人也。姓李氏。幼惡葷羶樂聞鍾梵。年十二時有白氣數道騰於所居屋壁。師即揮毫書其壁曰。

白道從茲速改張
休來顯現作妖祥
定袪邪行歸真見
必得超凡入聖鄉

글을 다 쓰니 서기는 이내 사라졌다. 또 나이 15세에 이르러 매우 지독한 병에 걸렸는데, 꿈에 신인(神人)이 와서 약을 주니 깨고 나서 완전히 나았다.

이듬해에 또 꿈을 꾸었는데, 범승(梵僧)이 나타나서 출가할 때가 되었다고 하자, 마침내 위주(衛州) 백록산(白鹿山) 도규(道規) 선사에 의해 머리를 깎았다.

숭악(嵩嶽)에 가서 구족계를 받다가 동학들에게 말하였다.

"옛사람이 말하기를 네 차례의 참회의식〔白四羯磨〕을 해야 계 · 정 · 혜가 완전하다고 하지만 어찌 법칙에만 얽매이리오."

그리고는 주장자를 집고 제방의 선원을 찾아다니면서 말만을 기억하여 알음알이로 삼다가, 설령(雪嶺)에 와서야 활연히 부합되었다.

어느 날 설봉을 뵈니, 설봉은 그의 인연이 익은 것을 알고 벌떡 일어나 멱살을 잡으면서 말하였다.

題罷氣即隨滅。年甫志學遘疾甚亟。夢神人與藥覺而頓愈。明年又夢梵僧告云。出家時至矣。遂依衛州白鹿山道規禪師披削。嵩嶽受具。謂同學曰。古德云。白四羯磨後全體戒定慧。豈準繩而可拘也。於是杖錫遍叩禪關。而但記語言存乎知解。及造雪嶺朗然符契。一日參雪峯。雪峯知其緣熟。忽起搊住曰。

"무엇인고?"

대사가 확연히 깨닫고 또 알았다는 마음까지 없어져서 손을 들어 흔들 뿐이니, 설봉이 다시 물었다.

"그대는 어떤 도리로 여기는가?"

"무슨 도리가 있겠습니까?"

설봉이 그의 고매한 견해를 알고 어루만지면서 인가하였다. 설봉이 입적한 뒤에 민수가 고을의 왼쪽으로 20리 되는 곳에 고산을 개척하여 선원을 짓고, 종승의 법을 제창해 달라 청하였다.

대사가 법상에 올라 대중이 모이니, 말없이 보이고 말하였다.

"남전(南泉)이 살았을 때에도 어떤 사람은 남전을 알지 못했었는데, 지금 남전을 아는 이가 있는가? 나와서 대중 앞에서 시험해 봐라."

이때에 어떤 승려가 나서서 절을 하고 막 일어나려는 순간, 대사가 말하였다.

是什麼。師釋然了悟亦忘其了心。唯舉手搖曳而已。雪峯曰。子作道理耶。師曰。何道理之有。雪峯審其懸解。撫而印之。暨雪峯歸寂。閩帥於府城之左二十里開鼓山。創禪宮請揚宗教。師上堂衆集。良久曰。南泉在日亦有人舉。要且不識南泉。即今還有識南泉者麼。試出來對衆驗看。時有僧出禮拜。纔起。師曰。

"무엇인가?"

승려가 가까이 다가서면서 말하였다.

"화상께 묻습니다."

"재주가 없으니 물러가라."

또 말하였다.

"경장에는 경의 강사가 있고, 논장에는 논의 강사가 있고, 율에는 율사가 있고, 함(函)마다 번호가 있고, 부(部)마다 표지가 있으니 각자가 전한 것을 지녀라.

또한 법은 가르침을 건립한 것이요, 선도(禪道)는 울음을 달래는 것이니, 여러 성인들이 모두 와서 사람의 마음이 같지 않으므로 공교로운 방편의 문을 열기 위해 여러 문을 두었다.

병이 생긴 원인이 같지 않으므로 처방이 다르니, 있음에 머무르면 있음을 깨뜨리고, 공(空)에 의지하면 공(空)을 꾸짖는다. 두 가지 허물이 없어진 뒤에는 중도(中道)도 반드시 버려야 한다.

그러므로 고산은 말하니, 글구로는 기틀에 합당할 수 없고, 말로는 일을 펴지 못하는 것이다.

作麼生。僧近前曰。咨和尚。師曰。不才請退。又曰。經有經師論有論師律有律師。有函有號有部有帙。各有人傳持。且佛法是建立教。禪道乃止啼之說。他諸聖興來。蓋為人心不等。巧開方便遂有多門。受疾不同處方還異。在有破有。居空叱空。二患既除中道須遣。鼓山所以道。句不當機言非展事。

말을 따르는 이는 죽고, 글구에 막힌 이는 미혹한다. 언어 이전의 일을 제창할 수 없다면, 어찌 구절 뒤의 일을 이야기하리오. 곧바로 석가가 문을 닫고, 정명(淨名, 유마 거사)이 입을 다문 데 이르러, 대사[61]는 양(梁)나라 때에 동자라도 하루에 한 번 묻고 두 번 묻고 세 번을 물으면 다 깨닫게 했다 하는데, 여러 어진 이들이여, 어떠한가?"

이때에 어떤 승려가 절을 하니, 대사가 말하였다.

"큰 소리로 물어라."

"학인이 화상께 묻습니다."

대사가 할을 해서 내쫓았다.

"자기의 일을 밝히지 못했는데, 무엇으로 증험을 삼으리까?"

대사가 소리를 지르면서 들리지 않는 시늉을 하니, 그 승려가 다시 물었다. 이에 대사가 말하였다.

"한 점의 흐름을 따라 다 받아들여 거듭할 것도 없다."

承言者喪。滯句者迷。不唱言前寧譚句後。直至釋迦掩室淨名杜口。大士梁時童子當日一問二問三問盡有人了也。諸仁者作麼生。時有僧禮拜。師曰。高聲問。僧曰。學人咨和尚。師乃喝出。問己事未明以何為驗。師抗音似未聞。其僧再問。師曰。一點隨流食咸不重。

61) 여기서 대사는 선혜 대사를 지칭한다.

"어떤 것이 건곤을 다 싸는 구절입니까?"
"앞으로 가까이 오라."
그 승려가 앞으로 가까이 오니, 대사가 말하였다.
"정말 둔한 사람이구나."

"어찌하여야 대를 잇겠습니까?"
"풍모 없는 들개에게 공연히 손만 벌렸다."
"어찌하여야 옳겠습니까?"
"잘못되었다."

"학인이 곧 받아들일 때에는 어떠합니까?"
"그대가 어떻게 받아들였는가?"[62]

"어떤 곳이 학인이 바로 설 자리입니까?"
"여러 성인의 행리(行履)[63]도 따르지 말라."[64]

問如何是包盡乾坤底句。師曰。近前。僧近前。師曰。鈍置殺人。問如何紹得。師曰。犴欲無風徒勞展掌。曰如何即是。師曰。錯。問學人便承當時如何。師曰。汝作麼生承當(法燈別云莫費力)。問如何是學人正立處。師曰。不從諸聖行(法燈別云汝擬亂走)。

62) 법등(法燈)이 따로 말하기를 "헛힘을 들이지 말라." 하였다. (원주)
63) 행리(行履) : 일상생활의 일체 행위.
64) 법등(法燈)이 따로 말하기를 "그대는 어지럽게 달리는구나." 하였다. (원주)

"천산과 만산에서 어느 것이 바른 산입니까?"
"바른 산은 무엇에 쓰려는가?"[65)]

대사가 초경(招慶)을 만났는데, 초경이 말하였다.
"예삿일이군요."
대사가 말하였다.
"이 조용할 줄 모르는 사람아."
"참으로 친절하시군요."
대사가 도리어 말하였다.
"예삿일이다."
"오늘은 불이 필요 없군요."
"굉장히 인색한 사람이군."
"온자(穩者)가 편리한 대로 가져가십시오."[66)]

問千山萬山阿那箇是正山。師曰。用正山作麼(法燈云。千山萬山)。師與招慶相遇。招慶曰。家常。師曰。無厭生。招慶曰。且款款。師却云。家常。招慶曰。今日未有火。師曰。太鄙吝生。招慶曰。穩便將取去(東禪齊拈云。此二尊宿語還有得失也無。若有阿那箇得阿那箇失。若無得失。諸人未具行脚眼在)。

65) 법등(法燈)이 말하기를 "천 산과 만 산이니라." 하였다. (원주)
66) 동선제(東禪齊)가 이 일을 들어 말하기를 "이 두 존숙의 말에 얻고 잃음이 있는가? 있다면 어디가 얻은 곳이며, 어디가 잃은 곳인가? 만일 얻음도 잃음도 없다고 하면 그는 행각의 안목을 갖추지 못했다 하리라." 하였다. (원주)

"어찌하여야 생사의 윤회를 면합니까?"
"생사를 가지고 오라."

"어떤 것이 종문 안의 일입니까?"
대사가 손을 옆으로 기울여서 말하였다.
"흠흠(吽吽)."

"어떤 것이 구경에 이르는 한 관문의 빗장입니까?"
대사가 때렸다.

"어떤 것이 고산(鼓山)의 바른 주인입니까?"
"눈이 멀었는데 어쩌리오."

대사가 보복(保福)에게 물었다.
"옛사람이 그른 것이라 하면 그른 것이 아니요, 옳은 것이라 하면 옳은 것이 아니라 한 뜻이 어떠한가?"

問如何免得輪迴生死。師曰。把將生死來。問如何是宗門中事。師側掌曰。吽吽。問如何是向上一關棙子。師乃打之。問如何是鼓山正主。師曰。瞎作麼。師問保福。古人道非不非是不是。意作麼生。

보복이 찻잔을 번쩍 드니, 대사가 말하였다.

"시비를 하지 않는 것이 좋겠다."

"어떤 것이 진실한 사람의 몸입니까?"

"지금 것은 어떠한 몸인가?"

"끝내 어떠합니까?"

"어떻게 그런 경지에 이르름을 얻었다 하겠는가?"

"어떤 것이 불법의 대의입니까?"

"둥근 해가 둥실 뜨니 만 리에는 구름 하나 없다."

대사가 어떤 승려에게 물었다.

"고산에는 석문(石門)에 걸터앉지 말라는 말이 있다는데, 그대는 어떻게 생각하는가?"

"스님께 청합니다."

대사가 때렸다.

保福拈起茶盞。師曰。莫是非好。問如何是真實人體。師曰。即今是什麼體。曰究竟如何。師曰。爭得到恁麼地。問如何是佛法大意。師曰。金烏一點萬里無雲。師問僧。鼓山有不跨石門句。汝作麼生道。僧曰。請。師乃打之。

"어떤 것이 옛사람이 깨달은 마음으로 힘쓴 곳입니까?"
"그대는 무슨 힘을 썼다는 것인가?"

"말이 천하에 가득해도 입의 허물은 없다 하니, 어떤 것이 입의 허물이 없는 것입니까?"
"어떤 허물이 있는가?"

"어떤 것이 깨달음의 요긴한 곳입니까?"
"부끄럽지 않은가?"

대사가 민수와 함께 불상(佛像)을 우러러보는데, 민수가 물었다.
"이는 무슨 부처입니까?"
대사가 말하였다.
"대왕께서 감정해 보십시오."
"감정한다면 부처님이 아닙니다."
"그러면 이것이 무엇입니까?"

問如何是古人省心力處。師曰。汝何費力。問言滿天下無口過。如何是無口過。師曰。有什麼過。問如何是省要處。師曰。還自恥麼。師與閩帥瞻仰佛像。閩帥問。是什麼佛。曰[67]請大王鑒。曰鑒即不是佛。曰[68]是什麼。

---

67) 문맥의 정황으로 보건대 여기서 曰은 師曰이다.
68) 문맥의 정황으로 보건대 여기서 曰은 師曰이다.

민수가 대답이 없었다.[69)]

"위로부터의 종승을 어떻게 제창합니까?"

대사가 불자로 입을 후려갈겼다.

"어떤 것이 교리 이외에 따로 전한 일입니까?"

대사가 말하였다.

"차나 마셔라."

그리고는 또 말하였다.

"이제 여러분들을 위하니, 머리를 싸매고 여러 성인들의 교화문에 들어가 뒤진다고 해서 나오는 것이 아니다. 그러므로 그대들에게 말하기를 '교리를 펼치나 가르침에는 이르지 못하고, 조사가 서쪽에서 온 것도 아니며, 삼세의 모든 부처님들도 제창할 수 없고, 십이분교에도 싣지 못하며, 범부와 성인도 거두지 못하고, 옛과 이제에도 전하지 못한다.'라고 하노라.

無對(長慶代云。久承大師在衆何得造次)。問從上宗乘如何舉唱。師以拂子驀口打。問如何是教外別傳底事。師曰。喫茶去。又曰。今為諸仁者。刺頭入他諸聖化門裏抖擻不出。所以向仁者道。教排不到。祖不西來。三世諸佛不能唱。十二分教載不起。凡聖攝不得。古今傳不得。

69) 장경(長慶)이 대신 말하기를 "대사께서 대중에 계시다는 말을 들은 지 오래인데 어찌 차례를 지으려 합니까?" 하였다. (원주)

홀연히 이러-한 이가 있어, 깨닫지도 못하고서 다른 이를 향해서 이렇게 이르는 그 사람의 입을 쥐어박으면, 그것을 괴이하게 여기겠는가? 그러나 함부로 친다고 하지는 말라. 고산의 평범한 도이니, 다시 그 누구도 석문에 걸터앉지 말라. 그러나 석문에 걸터앉지 말라는 구절이 있다 할지라도, 어떤 것이 석문에 걸터앉지 말라는 구절인가?

고산이 주지한 지 30여 년에 오호(五湖)와 사해(四海)에서 온 이들이 높은 봉우리 위에서 산과 물을 구경하기는 했으나, 한 사람도 시원하게 통한 이는 보지 못했다. 지금이라도 누군가 통한 이가 있다면 매(昧)하지 않으리라. 형제들이여, 안녕."

그리고는 게송을 읊어 대중에게 보였다.

忽爾是箇漢未通箇消息。向他恁麼道被他驀口摑。還怪得他麼。雖然如此也不得亂摑。鼓山尋常道。更有一人不跨石門。須有不跨石門句。作麼生是不跨石門句。鼓山自住三十餘年。五湖四海來者。向高山頂上看山翫水。未見一人快利通得。如今還有人通得也不昧。兄弟珍重。乃有偈示眾曰。

바로 그대로라 해도 알기 어렵거늘
말에서 찾으면 더욱 멀어지고
부처와 조사를 논한다면
하늘과 땅 사이로 멀어지네

민수가 소중히 절을 하고 항상 법문을 물었다.

直下猶難會
尋言轉更賒
若論佛與祖
特地隔天涯
閩帥禮重常詢法要焉。

 토끼뿔

ᔓ "천산과 만산에서 어느 것이 바른 산입니까?" 했을 때

대원은 손으로 앞산을 가리키며 "이 산이다." 하리라.

ᔓ "어떤 것이 구경에 이르는 한 관문의 빗장입니까?" 했을 때

대원은 "그것이다." 하리라.

ᔓ 대사가 "그러면 이것이 무엇입니까?" 하니, 민수가 대답이 없었는데 "그러면 이것이 무엇입니까?" 했을 때

대원은 "혀 내릴 곳이 있습니까?" 했을 것이다.

장주(漳州) 융수(隆壽) 흥법(興法) 소경(紹卿) 대사

소경 대사는 천주(泉州) 사람으로 성은 진(陳)씨이다. 어릴 때에 영암사(靈巖寺)에서 경과 논을 익히다가 교리의 수업을 마치고는 다시 선나(禪那)를 깊히 사모하여 설봉을 찾아 가서 법을 물었다. 거기서 부지런히 시봉하기 몇 해 만에 시중든 인연으로 깨달았다.

어느 날 설봉을 모시고 거닐다가 토란잎이 움직이는 것을 보고 설봉이 손으로 가리키니, 대사가 대답하였다.

"소경은 퍽 두렵습니다."

설봉이 말하였다.

"그대의 집안일인데 두려울 것이 무엇인가?"

대사가 이에 씻은 듯이 깨닫고는 다른 곳으로 다닐 생각을 버렸다. 이윽고 용계사(龍谿寺)에 살라는 청을 받았다.

漳州隆壽興法大師紹卿。泉州人也。姓陳氏。幼於靈巖寺習經論。講業既就而深慕禪那。乃問法於雪峯之室。服勤數載從緣開悟。因侍經行見芋葉動。雪峯指動葉視之。師對曰。紹卿甚生怕怖。雪峯曰。是汝屋裏底怕怖什麼。師於是洗然省悟頓息他遊。尋受請居龍谿焉。

어떤 승려가 물었다.

“옛사람이 말하기를 ‘마니전(摩尼殿)에 네 귀퉁이가 있는데 한 귀퉁이는 항상 드러났다.’라고 했으니, 어떤 것이 항상 드러난 귀퉁이입니까?”

대사가 불자를 들었다.

“한 알의 양식을 저축하지 않고도 어떻게 만 사람의 주림을 구제하리까?”

“협객(俠客)의 면전에서 칼을 빼앗으려는 것과 같아 그대는 총명한 사나이는 아닌 것 같다.”

“눈먼 사람이 오면 선사께서 도리어 큰 사랑으로 대해 주시겠습니까?”

“앞뒤로 크게 응하여 이롭게 하느니라.”

“바로 이것이 응대하는 것이 아닙니까?”

“이 놈이 와서 이 속에 부리를 박는구나.”

僧問。古人道摩尼殿有四角一角常露。如何是常露底角。師舉拂子。問糧不畜一粒如何濟得萬人饑。師曰。俠客面前如奪劍。看君不是黠兒郎。問大拍盲底人來。師還接否。師曰。前後大應得此便也。曰莫便是接否。師曰。遮漢來遮裏插嘴。

"귀와 눈이 미치지 못하는 곳은 어떠합니까?"

"그대에게 이런 작용이 없는가?"

"이렇게 듣습니다."

"참으로 귀 먹은 이로구나."

장주 태수 왕공이 조사의 가풍을 매우 숭상하여 자의 대사(紫衣大師)라는 호를 하사하였다.

問耳目不到處如何。師曰。汝無此作。曰恁麼即聞也。師曰。真箇聾漢。漳守王公欽尚祖風。為奏紫衣師名。

 토끼뿔

"눈 먼 사람이 오면 선사께서 도리어 큰 사랑으로 대해주시겠습니까?" 했을 때

대원은 한 방망이 때렸을 것이다.
"험."

복주(福州) 선종원(僊宗院) 인혜(仁慧) 행도(行瑫) 대사

행도 대사는 천주(泉州) 사람으로 성은 왕(王)씨이다. 고향의 개원사(開元寺)에서 공부를 하다가 설봉의 선회(禪會)에 참석하였다. 그 후 소문이 사방에 퍼져서 민수(閩帥)가 설법을 청하고 배우는 이들이 구름같이 모였다.

대사가 법상에 올라 말하였다.

"나는 석가와 동참(同參)했다. 그대들은 말해 봐라. 누구에게 참배하겠는가?"

이때에 어떤 승려가 나서서 절을 하고 물으려는데, 대사가 말하였다.

"틀렸다."

"어떤 것이 서쪽에서 오신 뜻입니까?"

"웅이산(熊耳山)에도 감춘 적이 없다."

福州僊宗院仁慧大師行瑫。泉州人也。姓王氏。本州開元寺受業。預雪峯禪會。聲聞四遠。閩帥請轉法輪。玄徒奔至。上堂曰。我與釋迦同參。汝道參什麼人。時一僧出禮拜擬伸問。師曰。錯。問如何是西來意。師曰。熊耳不曾藏。

“당장 할 일에 대하여 스님의 방편을 빕니다.”
“그대의 물음이 아니었다면 나도 말하지 않았을 것이다.”

“어떤 것이 서쪽에서 오신 뜻입니까?”
“대낮에는 한가한 사람이 없다.”

問直下事乞師方便。師曰。不因汝問我亦不道。問如何是西來意。師曰。白日無閑人。

토끼뿔

“나는 석가와 동참(同參)했다. 그대들은 말해 봐라. 누구에게 참배하겠는가?” 했을 때

대원은 ‘석가와 동참했다’까지는 그대로 봐주겠는데, 그 후는 용두사미를 이룬다 하리라.

“악!”

복주(福州) 연화산(蓮華山) 영복원(永福院) 초증(超證) 종엄(從弇) 대사

종엄 대사에게 어떤 승려가 물었다.

"유교(儒教)에서는 오상(五常)[70]으로 극칙(極則)을 삼는데, 종문에서는 무엇으로 극칙을 삼습니까?"

대사가 말없이 보이자, 그 승려가 말하였다.

"그렇거늘 학인이 분별을 냈군요."

"주장자로 때려야 좋겠다."

"경전에 이르기를 오직 일승의 법만이 있다고 하는데, 어떤 것이 일승의 법입니까?"

"그대는 내가 이 속에서 무엇을 한다고 하겠는가?"

福州蓮華山永福院超證大師從弇。僧問。儒門以五常為極則。未審宗門以何為極則。師良久。僧曰。恁麼即學人造次也。師曰。好與拄杖。問教云。唯有一乘法。如何是一乘法。師曰。汝道我在遮裏作什麼。

---

70) 오상(五常) : 유교에서 말하는 인(仁), 의(義), 예(禮), 지(智), 신(信)의 다섯 가지 기본적 덕목.

"그러면 경전의 뜻을 모르시는 것입니다."
"그렇지만 그대를 저버리지는 않았다."

"묻는 곳을 향해서 헤아리지 않음이 학인이 물을 곳이라면, 화상은 어찌시겠습니까?"
"차나 마셔라."

장경(長慶)이 항상 말하기를 "법을 다하면 백성이 없어진다."라고 하니, 이에 대해 대사가 말하였다.
"영복은 곧 그렇지 않다. 법을 다하지 않으면 어떻게 백성을 얻으리오."
이때 어떤 승려가 말하였다.
"스님, 법을 다해 주십시오."
"나는 그대들에게 세금을 바치라고 요구하지 않았다."

曰恁麼即不知教意也。師曰。雖然如此却不孤負汝。問不向問處領。猶是學人問處。和尚如何。師曰。喫茶去。長慶常云。盡法無民。師曰。永福即不然。若不盡法又爭得民。時有僧曰。請師盡法。師曰。我不要汝納稅。

"다른 모든 것은 묻지 않겠으니 지름길을 가리켜 보여 주십시오."

"불쾌하다. 절이나 세 번 해라."

대사가 법상에 올라 말하였다.

"애달프고, 애달프구나. 화살을 보아라."

그리고는 방장으로 돌아가 버렸다.

승려가 말하였다.

"스님께서 법령을 다해 주십시오."

대사가 말하였다.

"묻어버리지 말라."

"대중이 다 모였으니, 스님께서 설법해 주십시오."

"들었는가?"

"만약 다시 우두커니 생각한다면 응함에 미치기 어려울 것입니다."

"진실로 그렇다면 바로 얻은 것이다."

問諸餘即不問。聊徑處乞師垂慈。師曰。不快禮三拜。師上堂曰。咄咄。看箭。便歸方丈。問請師盡令。師曰。莫埋沒。問大眾雲集請師說法。師曰。聞麼。曰若更佇思應難得及。師曰。實即得。

"마니전(摩尼殿)에 네 귀퉁이가 있는데 한 귀퉁이는 항상 드러났다 하니, 어떤 것이 항상 드러난 귀퉁이입니까?"

"다시는 점검하려 하지 말라."

대사가 법상에 올라 자리 옆에 서서 대중에게 말하였다.

"두 존자가 견주는 데서는 교화할 수 없다."

그리고는 방장으로 돌아갔다.

問摩尼殿有四角一角常露。如何是常露底角。師曰。不可更點。師上堂於座邊立謂眾曰。二尊不並化。便歸方丈。

토끼뿔

ꩰ "다른 모든 것은 묻지 않겠으니 지름길을 가리켜 보여 주십시오." 했을 때

대원은 뺨을 한 대 갈겼으리라.
"험."

ꩰ "마니전(摩尼殿)에 네 귀퉁이가 있는데 한 귀퉁이는 항상 드러났다 하니, 어떤 것이 항상 드러난 귀퉁이입니까?" 했을 때

대원은 "드러내놓고 묻는 바보로구나." 하리라.

항주(杭州) 용화사(龍華寺) 진각(眞覺) 영조(靈照) 대사

영조 대사는 고려(高麗) 사람이다. 민월(閩越) 지방을 떠돌다가 설봉에게 입실하여 현묘한 종지를 깨달은 뒤로는 오직 누더기 한 벌로 지내니, 민중(閩中)에서는 조포납(照布衲)이라 불렀다.

어느 날 저녁에 대사가 반달을 가리키면서 부(溥) 상좌에게 물었다.

"저 한 조각은 어디로 갔는가?"

부 상좌가 말하였다.

"스님은 망상을 부리지 마십시오."

대사가 다시 말하였다.

"한 조각마저 잃었다."

대중이 비록 찬탄하고 칭찬하였으나 담박하게 분수를 지켰다.

杭州龍華寺真覺大師靈照。高麗人也。萍游閩越升雪峯之堂冥符玄旨。居唯一衲服勤衆務。閩中謂之照布衲。一夕指半月問溥上座。那一片什麼處去也。溥曰。莫妄想。師曰。失却一片也。衆雖歎美而恬澹自持。

처음 무주(婺州) 제운산(齊雲山)에 있을 때였다. 법상에 올라 말없이 보이고 손을 벌리면서, 대중을 보고 말하였다.

"이것을 취(取)하시오, 이것을 취해."

또 말하였다.

"한 사람이 허망한 것을 전하니, 만 사람이 진실(眞實)인 양 전한다."

어떤 승려가 물었다.

"풀 베는 목동이 노래하고 춤추는데, 요즈음도 그러한 이가 있겠습니까?"

대사가 자리에서 내려가 춤을 추면서 말하였다.

"사미여, 알겠는가?"

"모릅니다."

"산승(山僧)의 덩더쿵춤도 모르는가?"

初止婺州齊雲山。上堂良久。忽舒手視其衆曰。乞取些子乞取些子。又曰。一人傳虛萬人傳實。僧問。草童能歌舞。未審今時還有無。師下座作舞曰。沙彌會麼。僧曰。不會。師曰。山僧蹋曲子也不會。

"영산회상에서는 법을 법답게 서로 전했는데, 제운에서는 무엇으로 부촉합니까?"

"그대 한 사람 때문에 제운산을 황폐시킬 수는 없다."

"그것이 친히 부촉하는 것이 아니겠습니까?"

"대중을 웃기지 말라."

"환단(還丹)[71]한 알로 쇠가 변해 금이 되고, 지극한 이치의 한마디가 범부에게 점을 찍어 성인을 이룬다 하는데, 스님께서 점을 찍어 주십시오."

"도리어 제운이 금에 점찍는다 하면 쇠를 이룬다는 것을 아는가?"

"금에 점을 찍어서 쇠로 만드는 것은 들은 바가 없습니다. 지극한 이치의 한 말씀을 드리워 보여 주십시오."

"말 구절 밑에서 알아채지 못하면 후회하여도 미치지 못한다."

問靈山會上法法相傳。未審齊雲將何付囑。師曰。不可為汝一人荒却齊雲也。曰莫便是親付囑也無。師曰。莫令大眾笑。問還丹一粒點鐵成金。至理一言點凡成聖。請師一點。師曰。還知齊雲點金成鐵麼。曰點金成鐵未之前聞。至理一言敢希垂示。師曰。句下不薦後悔難追。

71) 환단(還丹) : 신선의 약품.

대사가 다음에는 월주(越州)의 경청원(鏡淸院)으로 옮기니, 대중이 기꺼이 뒤를 따랐다.

어느 날 대중에게 말하였다.
"법령을 다했느니라."
어떤 승려가 말하였다.
"스님께서 바른 법령을 다해 주십시오."
대사가 말하였다.
"흠흠(吽吽)."

"어떤 것이 학인의 본분의 일입니까?"
"경청은 입 놀리기를 아끼지 않았다."

"스님께서 갈고 다듬어 주십시오."
"8은 이루어졌다."
"어째서 10이 다 이루어지지 않습니까?"
"경청의 갈고 다듬어 주는 이치를 알았는가?"

師次居越州鏡清院海衆悅隨。一日謂衆曰。盡令去也。僧曰。請師盡令。師曰。吽吽。問如何是學人本分事。師曰。鏡清不惜口。問請師雕琢。師曰。八成。曰為什麼不十成。師曰。還知鏡清生修理麼。

대사가 어떤 승려에게 물었다.

“어디서 왔는가?”

승려가 대답하였다.

“오봉(五峯)에서 왔습니다.”

“무엇 하러 왔는가?”

“화상께 예배하러 왔습니다.”

“왜 자신에게 예배하지 않는가?”

“예배를 마쳤습니다.”

“경호(鏡湖)의 물이 얕구나.”

“어떤 것이 제일구(第一句)입니까?”

“이름과 말에 떨어져 그르치지 말라.”

“스님께 어찌 방편이 없으시겠습니까?”

“까마귀 머리에 참새를 기른다.”

師問僧。什麼處來。曰五峯來。師曰。來作什麼。曰禮拜和尚。師曰。何不自禮。曰禮了也。師曰。鏡湖水淺。問如何是第一句。師曰。莫錯下名言。曰師豈無方便。師曰。烏頭養雀兒。

"모든 것을 초월하여 초월했다는 것마저 없는 한 길은 천 성인도 전하지 못한다 하니, 어떤 사람이 전해 얻었습니까?"

"천 성인이라 함도 나는 의심한다."

"이것이 곧 전하는 것이 아니겠습니까?"

"진제(晋帝)가 해강을 죽였다."[72]

"석가가 마갈(摩竭)에서 방문을 닫았고, 정명(淨名)이 비야(毘耶)에서 입을 다물었으니, 이 뜻이 어떤 것입니까?"

"동쪽 복도 아래에 양양삼삼(兩兩三三)이니라."

대사가 대중에게 말하였다.

"제방에서는 비로법신(毘盧法身)으로 극칙을 삼지만 경청 여기에는 그렇지 않으니, 반드시 비로자나도 스승이 있고 법신도 주인이 있음을 알아야 한다."

問向上一路千聖不傳。未審什麼人傳得。師曰。千聖也疑我。曰莫便是傳也無。師曰。晉帝斬嵇康。問釋迦掩室於摩竭。淨名杜口於毘耶。此意如何。師曰。東廊下兩兩三三。師謂眾曰。諸方以毘盧法身為極則。鏡清遮裏即不然。須知毘盧有師法身有主。

72) 삼국시대 위나라의 죽림칠현의 하나인 해강이 종회의 모함으로 진나라 황제 사마초에 의해 죽음을 당했다고 한다.

"어떤 것이 비로의 스승이며 법신의 주인입니까?"
"비로의 스승이니 법신의 주인이니를 어찌 논하랴."

"옛사람이 색(色)을 볼 때 곧 마음을 본다 하였는데, 이것은 색인데 어떤 것이 이 마음입니까?"
"그렇게 물으면 나를 속이는 것이 아닌가?"

승려가 물었다.
"쪼개기 이전의 일을 스님께서 결단해 주십시오."
대사가 말하였다.
"어디에 떨어져 있는가?"
"그러면 입을 잃었습니다."
"한산(寒山)이 위산(潙山)을 전송한다."
또 말하였다.
"가만있어라, 가만있어. 그대가 입을 잃었는가, 내가 입을 잃었는가?"

問如何是毘盧師法身主。師曰。二公爭敢論。問古人道。見色便見心此即是色阿那箇是心。師曰。恁麼問莫欺山僧麼。問未剖以前請師斷。師曰。落在什麼處。曰恁麼即失口也。師曰。寒山送潙山。又曰。住住闍梨失口山僧失口。

"사나운 호랑이도 새끼는 물지 않습니다."
대사가 말하였다.
"당나귀 머리는 나가고 말 머리가 돌아오는구나."

대사가 어떤 승려에게 갑자기 물었다.
"기억하는가?"
"기억합니다."
"무엇이라 했는가?"
"무엇이라 하십니까?"
대사가 말하였다.
"회남(淮南)의 어린애가 절에 왔구나."

승려가 물었다.
"무엇이기에 준걸한 매와 준걸한 새매가 쫓아도 미치지 못합니까?"
대사가 말하였다.
"그대가 따로 물어라. 내가 따로 대답하리라."

曰惡虎不食子。師曰。驢頭出馬頭迴。師驀問一僧。記得麼。曰記得。師曰。道什麼。曰道什麼。師曰。淮南小兒入寺。問是什麼即俊鷹俊鷂趁不及。師曰。闍梨別問山僧別答。

"따로 대답해 주십시오."
"십리 길을 가는 사람이 일정(一程)을 비교하랴."

"금 부스러기가 귀중하다 해도 눈에 넣지 않을 때에는 어찌합니까?"
"넣을 수 없는 것을 왜 넣으려 하는가?"
승려가 절을 하니, 대사가 말하였다.
"심사신(深沙神)[73]이구나."

"보리수(菩提樹) 밑에서 중생을 제도했다는데, 어떤 것이 보리수입니까?"
"흡사 고련수(苦練樹)[74] 같으니라."
"어째서 고련수 같습니까?"
"본래 훌륭한 말이 아닌데 어찌 수고로이 채찍을 흔들리오."

曰請師別答。師曰。十里行人較一程。問金屑雖貴眼裏著不得時如何。師曰。著不得還著得麼。僧禮拜。師曰。深沙神。問菩提樹下度眾生。如何是菩提樹。師曰。大似苦練樹。曰為什麼似苦練樹。師曰。素非良馬何勞鞭影。

---

73) 심사신(深沙神) : 신장의 이름.
74) 고련수(苦練樹) : 소태나무. 뿌리가 약재로 쓰인다.

나중에 호수(湖守) 전공(錢公)이 항주의 서쪽 관문에다 보자원(報慈院)을 짓고, 대사를 맞이하여 법당을 열게 하니 선회(禪會)의 대중들이 여전히 많았다.

얼마 지나 전왕이 용화사를 세우고, 금화(金華) 부대사(傅大士)의 영골과 도구를 모신 뒤에 대사에게 주지를 하라고 청하였다.

진(晋)의 천복(天福) 12년 정미(丁未) 윤 7월 26일에 본사에서 임종하니, 수명은 78세였다. 대자산(大慈山)에 탑을 세웠다.

後湖守錢公卜杭之西關創報慈院。延請開法。禪會翕然依附。尋而錢王建龍華寺。迎金華傅大士靈骨道具寘焉。命師住持。晉天福十二年丁未閏七月二十六日終於本寺。壽七十八。塔於大慈山。

 토끼뿔

“옛사람이 색(色)을 볼 때 곧 마음을 본다고 하였는데, 이것은 색인데 어떤 것이 이 마음입니까?” 했을 때

대원은 “뜰 앞에 장미니라.” 하리라.

명주(明州) 취암(翠巖) 영명(永明) 영참(令參) 대사

영참 대사는 호주(湖州) 사람이다. 설봉에게 수기를 받은 뒤에 취암에서 법석을 크게 열었다.

승려가 물었다.
"혀를 빌리지 말고 스님께서 일러 주십시오."
대사가 말하였다.
"다방(茶房)에 가서 차나 다듬어라."

"국사가 세 차례 시자를 부른 뜻이 무엇입니까?"
"사람을 억눌러서 무엇 하겠는가?"

승려가 물었다.
"다른 것들은 묻지 않겠습니다."
대사가 잠자코 있으니, 승려가 말하였다.

明州翠巖永明大師令參。湖州人也。自雪峯受記止於翠巖大張法席。問不借三寸請師道。師曰。茶堂裏貶剝去。問國師三喚侍者意旨如何。師曰。抑逼人作麼。問諸餘不問。師默之。僧曰。

"다른 사람에게 어떻게 이야기해야 합니까?"
대사가 시자를 불러 차를 끓여오라 하였다.

대사가 법상에 올라 말하였다.
"올 여름에 여러분과 이야기를 했는데, 취암의 눈썹이 있는가?"[75)]

승려가 물었다.
"온갖 언구는 모두가 물들음이라는데 어떤 것이 깨닫는데 요긴한 곳입니까?"
대사가 말하였다.
"대중이 그대를 비웃는다."

"태연스럽게 칼날에 막히지 않을 때에는 어떠합니까?"
"거의 모든 사람이 그런 견해를 낸다."

如何擧似於人。師喚侍者點茶來。師上堂曰。今夏與諸兄弟語論。看翠巖眉毛還在麼(長慶聞云。生也)。問凡有言句盡是點汚。如何是省要處。師曰。大衆笑汝。問坦然不滯鋒鋩時如何。師云。大有人作此見解。

75) 장경(長慶)이 듣고 말하기를 "났다." 하였다. (원주)

"끝내 어떠합니까?"
"태연스럽게 칼날에 막히지 않는다."

"옛사람이 방망이를 들거나, 불자를 세운 뜻이 무엇입니까?"
"삿된 법은 부축하기 어렵다."

"승요(僧繇)는 어째서 지공(誌公)의 초상을 그리지 못했습니까?"
"어떤 것이 꼭 맞는 것인가?"

"험악한 길에서는 무엇으로 징검다리를 삼습니까?"
"약산(藥山)이 두세 번 간곡히 부탁했다."

"범부와 성인을 가리지 않고 근기를 대하려면 어떻게 보여 주어야 합니까?"
"남에게 취암이 영리하다고 말하지 말라."

曰畢竟如何。師曰。坦然不滯鋒鋩。問古人拈槌豎拂意旨如何。師曰。邪法難扶。問僧繇爲什麼寫誌公眞不得。師曰。作麼生合殺。問險惡道中以何爲津梁。師曰。藥山再三叮囑。問不帶凡聖當機何示。師曰。莫向人道翠巖靈利。

"묘한 기틀과 언어 구절로도 모두가 맞지 않으니, 종승의 일은 어떠합니까?"

"절을 하라."

"학인은 잘 모르겠습니다."

"출가해서 행각까지 하고도 절하는 것도 모르는가?"

전왕(錢王)이 대사의 도풍을 흠모하여 용책사(龍冊寺)에 살라고 청하니, 거기서 여생을 마쳤다.

問妙機言句盡皆不當宗乘中事如何。師曰。禮拜著。曰學人不會。師曰。出家行脚禮拜也不會。錢王嚮師道風請居龍冊寺終焉。

토끼뿔

"옛사람이 방망이를 들거나, 불자를 세운 뜻이 무엇입니까?" 했을 때

대원은 "그대 같은 주린 자에게 보식과 같은 것이니라." 하리라.

색 인 표

ㄱ

가경(제9세)(24권)
가관 선사(19권)
가나제바(2권)
가문 선사(16권)
가비마라(1권)
가선 선사(26권)
가섭불(1권)
가야사다(2권)
가지 선사(10권)
가홍 선사(26권)
가훈 선사(26권)
가휴 선사(19권)
가휴(제2세)(24권)
간 선사(22권)
감지 행자(10권)
감홍 선사(15권)
강 선사(21권)
거방 선사(4권)
거회 선사(16권)
건봉 화상(17권)
계학산 화상(19권)
견숙 선사(8권)
겸 선사(20권)
경 선사(23권)
경산 감종(10권)
경산 홍인(11권)
경상(관음원)(26권)
경상(숭복원)(26권)
경소 선사(26권)
경여(제2세)(24권)
경잠 초현(10권)
경조 현자(17권)
경조미 화상(11권)
경준 선사(25권)
경진 선사(26권)
경탈 화상(22권)
경탈 화상(29권)
경통 선사(12권)
경현 선사(26권)
경혜 선사(15권)
경흔 선사(16권)
계눌 선사(21권)
계달 선사(24권)
계번 선사(19권)
계여 암주(21권)
계유 선사(23권)
계조 선사(25권)
계종 선사(24권)
계침 선사(21권)
계허 선사(10권)
고 선사(12권)
고사 화상(8권)
고정 화상(10권)
고정간선사(16권)
고제 화상(9권)
곡산 화상(23권)
곡산장 선사(16권)
곡은 화상(15권)
공기 화상(9권)
곽산 화상(11권)
관계 지한 선사(12권)
관남 장로(30권)
관음 화상(22권)
관주 나한(24권)
광 선사(14권)
광과 선사(23권)
광달 선사(25권)
광덕(제1세)(20권)
광목 선사(12권)
광법 행흠(24권)
광보 선사(13권)
광산 화상(23권)
광오 선사(22권)
광오(제4세)(17권)
광용 선사(12권)
광우 선사(24권)
광원 화상(26권)
광인 선사(15권)
광인 선사(17권)
광일 선사(20권)
광일 선사(25권)
광제 화상(20권)
광징 선사(8권)
광혜진 선사(13권)
광화 선사(20권)
괴성 선사(26권)
교 화상(12권)
교연 선사(18권)
구 화상(24권)
구나함모니불(1권)
구류손불(1권)
구마라다(2권)
구봉 도건(16권)
구봉 자혜(11권)
구산 정원(10권)
구산 화상(21권)
구종산 화상(15권)
구지 화상(11권)
굴다삼장(5권)
귀 선사(22권)
귀본 선사(19권)
귀신 선사(23권)
귀인 선사(20권)
귀정 선사(13권)
귀종 지상 (7권)
규봉 종밀(13권)
근 선사(26권)
금륜 화상(22권)
금우 화상(8권)
기림 화상(10권)

ㄴ

나찬 화상(30권)
나한 화상(11권)
나한 화상(24권)
낙보 화상(30권)
남대 성(21권)
남대 화상(20권)
남악 남대(20권)
남악 회양(5권)
남원 화상(12권)
남원 화상(19권)
남전 보원(8권)
낭 선사(23권)
내 선사(22권)
녹 화상(21권)
녹수 화상(11권)
녹원 화상(13권)
녹원휘 선사(16권)
녹청 화상(15권)

ㄷ

다복 화상(11권)
단기 선사(23권)
단하 천연(14권)
달 화상(24권)
담공 화상(12권)
담권(제2세)(20권)
담명 화상(23권)
담장 선사(8권)
담조 선사(10권)
담최 선사(4권)
대각 선사(12권)
대각 화상(12권)
대동 선사(15권)
대랑 화상(23권)
대력 화상(24권)
대령 화상(17권)
대모 화상(10권)
대범 화상(20권)
대비 화상(12권)

색인표

대승산 화상(23권)
대안 선사(9권)
대양 화상(8권)
대육 선사(7권)
대의 선사(7권)
대전 화상(14권)
대주 혜해(6권)
대천 화상(14권)
덕겸 선사(23권)
덕부 스님(29권)
덕산 선감(15권)
덕산(제7세)(20권)
덕소 국사(25권)
덕해 선사(22권)
도 선사(21권)
도간(제2세)(20권)
도건 선사(23권)
도견 선사(26권)
도겸 선사(23권)
도광 선사(21권)
도단 선사(26권)
도림 선사(4권)
도명 선사(4권)
도명 선사(6권)
도부 선사(18권)
도부 대사(19권)
도상 선사(10권)
도상 선사(25권)
도수 선사(4권)
도신 대사(3권)
도연 선사(20권)
도오(관남)(11권)
도오(천황)(14권)
도원 선사(26권)
도유 선사(17권)
도은 선사(21권)
도은 선사(23권)
도응 선사(17권)
도자 선사(26권)
도잠 선사(25권)
도전 선사 (17권)
도전(제12세)(24권)
도제(제11세)(26권)
도통 선사(6권)
도한 선사(17권)
도한 선사(22권)
도행 선사(6권)
도헌 선사(12권)
도흠 선사 (25권)
도흠 선사(4권)
도흠(제2세)(24권)
도희 선사(21권)
도희 선사(22권)
동계 화상(20권)
동봉 암주(12권)
동산 양개(15권)
동산혜 화상(9권)
동선 화상(19권)
동안 화상(8권)
동안 화상(16권)
동정 화상(23권)
동천산 화상(20권)
동탑 화상(12권)
둔유 선사(17권)
득일 선사(21권)
등등 화상(30권)

ㄹ

라후라다(2권)

ㅁ

마나라(2권)
마명 대사(1권)
마조 도일(6권)
마하가섭(1권)
만 선사(22권)
만세 화상(9권)
만세 화상(12권)
명 선사(17권)
명 선사(22권)
명 선사(23권)
명교 선사(22권)
명달소안(제4세)(26)권
명법 대사(21권)
명변 대사(22권)
명식 대사(22권)
명오 대사(22권)
명원 선사(21권)
명진 대사(19권)
명진 선사(21권)
명철 선사(7권)
명철 선사(14권)
명혜 대사(24권)
명혜 선사(22권)
모 화상(17권)
자사진조(12권)
몽계 화상(8권)
몽필 화상(19권)
묘공 대사(21권)
묘과 대사(21권)
무등 선사(7권)
무료 선사(8권)
무업 선사(8권)
무염 대사(12권)
무원 화상(15권)
무은 선사(17권)
무일 선사(24권)
무주 선사(4권)
무휴 선사(20권)
문 화상(22권)
문수 선사(17권)
문수 선사(25권)
문수 화상(16권)
문수 화상(20권)
문습 선사(24권)
문언 선사(19권)
문의 선사(21권)
문익 선사(24권)
문흠 선사(22권)
문희 선사(12권)
미령 화상(12권)
미령 화상(8권)
미선사(제2세)(23권)
미차가(1권)
미창 화상(12권)
미창 화상(14권)
민덕 화상(12권)

ㅂ

바사사다(2권)
바수밀(1권)
바수반두(2권)
박암 화상(17권)
반산 화상(15권)
반야다라(2권)
방온 거사(8권)
배도 선사(30권)
배휴(12권)
백거이(10권)
백곡 화상(23권)
백령 화상(8권)
백수사화상(16권)
백운 화상(24권)
백운약 선사(15권)
범 선사(20권)
범 선사(23권)
법건 선사(26권)
법괴 선사(26권)
법단 대사(11권)
법달 선사(5권)
법등 태흠(30권)
법만 선사(13권)

색 인 표

법보 선사(22권)
법상 선사(7권)
법운 대사(22권)
법운공(27권)
법융 선사(4권)
법의 선사(20권)
법제 선사(23권)
법제(제2세)(26권)
법지 선사(4권)
법진 선사(11권)
법해 선사(5권)
법현 선사(24권)
법회 선사(6권)
변륭 선사(26권)
변실(제2세)(26권)
보 선사(22권)
보개산 화상(17권)
보개약 선사(16권)
보광 혜심(24권)
보광 화상(14권)
보리달마(3권)
보만 대사(17권)
보명 대사(19권)
보문 대사(19권)
보봉 신당(17권)
보봉 화상(15권)
보수 화상 (12권)
보수소 화상(12권)
보승 선사(24권)
보안 선사(9권)
보운 선사(7권)
보응 화상(12권)
보적 선사(7권)
보지 선사(27권)
보철 선사(7권)
보초 선사(24권)
보화 화상(10권)
보화 화상(24권)
복계 화상(8권)
복룡산(제1세)(17권)
복룡산(제2세)(17권)
복룡산(제3세)(17권)
복림 선사(13권)
복분 암주(12권)
복선 화상(26권)
복수 화상(13권)
복타밀다(1권)
본계 화상(8권)
본동 화상(14권)
본선 선사(26권)
본인 선사(17권)
본정 선사(5권)
봉 선사(11권)
봉 화상(23권)
봉린 선사(20권)
부강 화상(11권)
부나야사(1권)
부배 화상(8권)
부석 화상(11권)
불암휘 선사(12권)
불여밀다(2권)
불오 화상(8권)
불일 화상(20권)
불타 화상(14권)
불타난제(1권)
붕언 대사(26권)
비 선사(20권)
비구니 요연(11권)
비마암 화상(10권)
비바시불(1권)
비사부불(1권)
비수 화상(8권)
비전복 화상(16권)

ㅅ

사 선사(23권)
사건 선사(17권)
사구 선사(26권)
사귀 선사(22권)
사내 선사(19권)
사눌 선사(21권)
사명 선사(12권)
사명 화상((15권)
사밀 선사(23권)
사보 선사(23권)
사선 화상(16권)
사야다(2권)
사언 선사(17권)
사욱 선사(18권)
사위 선사(20권)
사자 존자(2권)
사정 상좌(21권)
사조 선사(10권)
사지 선사(26권)
사진 선사(22권)
사해 선사(11권)
사호 선사(26권)
삼상 화상(20권)
삼성 혜연(12권)
삼양 암주(12권)
상 선사(22권)
상 화상(22권)
상각 선사(24권)
상관 선사(9권)
상나화수(1권)
상전 화상(26권)
상진 선사(23권)
상찰 선사(17권)
상통 선사(11권)
상혜 선사(21권)
상홍 선사(7권)
서 선사(19권)
서륜 선사(25권)
서목 화상(11권)
서선 화상(10권)
서선 화상(20권)
서암 화상(17권)
석가모니불(1권)
석경 화상(23권)
석구 화상(8권)
석두 희천(14권)
석루 화상(14권)
석림 화상(8권)
석상 경제(15권)
석상 대선 (8권)
석상 성공(9권)
석상휘 선사(16권)
석제 화상(11권)
석주 화상(16권)
선각 선사(8권)
선도 선사(20권)
선도 화상(14권)
선미(제3세)(26권)
선본 선사(17권)
선상 대사(22권)
선소 선사(13권)
선소 선사(24권)
선자 덕성(14권)
선장 선사(17권)
선정 선사(20권)
선천 화상(14권)
선최 선사 (12권)
선혜 대사(27권)
설봉 의존(16권)
성공 선사(14권)
성선사(제3세)(20권)
성수엄 선사(17권)
소 화상(22권)
소계 화상(30권)
소명 선사(26권)
소산 화상(30권)
소수 선사(24권)

색 인 표

소암 선사(25권)
소요 화상(8권)
소원(제4세)(24권)
소자 선사(23권)
소종 선사(12권)
소진 대사 (12권)
소현 선사(25권)
송산 화상(8권)
수 선사(24권)
수계 화상(8권)
수공 화상(14권)
수눌 선사(19권)
수눌 선사(26권)
수당 화상(8권)
수로 화상(8권)
수룡산 화상(21권)
수륙 화상(12권)
수빈 선사(21권)
수산 성념(13권)
수안 선사(24권)
수월 대사(21권)
수유산 화상(10권)
수인 선사(25권)
수진 선사(24권)
수청 선사(22권)
순지 대사(12권)
숭 선사(22권)
숭교 대사(23권)
숭산 화상(10권)
숭은 화상(16권)
숭진 화상(23권)
숭혜 선사(4권)
습득(27권)
승 화상(23권)
승가 화상(27권)
승가난제(2권)
승광 화상(11권)
승나 선사(3권)
승둔 선사(26권)
승밀 선사(15권)
승일 선사(16권)
승찬 대사(3권)
시기불(1권)
시리 선사(14권)
신건 선사(11권)
신당 선사(17권)
신라 청원(17권)
신록 선사(23권)
신수 선사(4권)
신안 국사(18권)
신장 선사(8권)
신찬 선사(9권)
실성 대사(22권)
심 선사(23권)
심철 선사(20권)
쌍계전도자(12권)

ㅇ

아난 존자(1권)
악록산 화상(22권)
안선사(제1세)(20권)
암 화상(20권)
암두 전활(16권)
암준 선사(15권)
앙산 혜적(11권)
애 선사(23권)
약산 유엄(14권)
약산(제7세)(23권)
약산고 사미(14권)
양 선사(6권)
양 좌주(8권)
양광 선사(25권)
양수 선사(9권)
언단 선사(22권)
언빈 선사(20권)
엄양 존자(11권)
여눌 선사(15권)
여만 선사(6권)
여민 선사(11권)
여보 선사(12권)
여신 선사(22권)
여체 선사(19권)
여회 선사(7권)
역촌 화상(12권)
연 선사(21권)
연관 선사(24권)
연교 대사(12권)
연규 선사(25권)
연덕 선사(26권)
연무 선사(17권)
연수 선사(26권)
연수 화상(23권)
연승 선사(26권)
연종 선사(19권)
연화(제2세)(23권)
연화상(제2세)(23권)
영 선사(19권)
영가 현각(5권)
영각 화상(20권)
영감 선사(26권)
영감 화상(23권)
영관사(12권)
영광 선사(24권)
영규 선사(15권)
영도 선사(5권)
영명 대사(18권)
영묵 선사(7권)
영서 화상(13권)
영숭(제1세)(23권)
영안(제5세)(26권)
영암 화상(23권)
영엄 선사(23권)
영운 지근(11권)
영준 선사(15권)
영초 선사(16권)
영태 화상(19권)
영평 선사(23권)
영함 선사(21권)
영훈 선사(10권)
오공 대사(23권)
오공 선사(24권)
오구 화상(8권)
오운 화상(30권)
오통 대사(23권)
온선사(제1세)(20권)
와관 화상(16권)
와룡 화상(17권)
와룡 화상(20권)
왕경초상시(11권)
요 화상(23권)
요각(제2세)(21권)
요공 대사(21권)
요산 화상(11권)
요종 대사(21권)
용 선사(20권)
용수 존자(1권)
용계 화상(20권)
용광 화상(20권)
용담 숭신(14권)
용산 화상(8권)
용아 거둔(17권)
용운대 선사(9권)
용준산 화상(17권)
용천 화상(23권)
용청 선사(26권)
용혈산 화상(23권)
용회 도심(30권)
용홍 화상(17권)
우녕 선사(26권)
우두미 선사(15권)
우바국다(1권)
우섬 선사(26권)

색 인 표

우안 선사(26권)
우연 선사(21권)
우연 선사(22권)
우진 선사(26권)
운개 지한(17권)
운개경 화상(17권)
운산 화상(12권)
운암 담성(14권)
운주 화상(20권)
운진 선사(23권)
원 선사(22권)
원 화상(23권)
원광 선사(23권)
원규 선사(4권)
원명 선사(11권)
원명(제3세)(23권)
원명(제9세)(22권)
원소 선사(26권)
원안 선사(16권)
원엄 선사(19권)
원제 선사(26권)
원조 대사(23권)
원지 선사(14권)
원지 선사(21권)
월륜 선사(16권)
월화 화상(24권)
위 선사(20권)
위국도 선사(9권)
위부 화엄(30권)
위산 영우(9권)
유 선사(24권)
유 화상(24권)
유건 선사(6권)
유경 선사(29권)
유계 화상(15권)
유관 선사(7권)
유연 선사(17권)
유원 화상(8권)
유장 선사(20권)
유정 선사(4권)
유정 선사(6권)
유정 선사(9권)
유칙 선사(4권)
육긍 대부(10권)
육통원소선사(17권)
윤 선사(22권)
윤 스님(29권)
은미 선사(23권)
은봉 선사(8권)
응천 화상(11권)
의능(제9세)(26권)
의릉 선사(26권)
의소 화상(23권)
의안 선사(14권)
의원 선사(26권)
의유(제13세)(26권)
의인 선사(23권)
의전 선사(26권)
의초 선사(12권)
의총 선사(22권)
의충 선사(14권)
이산 화상(8권)
이종 선사(10권)
인 선사(19권)
인 선사(22권)
인 화상(23권)
인검 선사(4권)
인종 화상(5권)
인혜 대사(18권)
일용 화상(11권)
일자 화상(10권)
임전 화상(19권)
임제 의현(12권)
임천 화상(22권)

ㅈ

자광 화상(23권)
자국 화상(16권)
자동 화상(11권)
자만 선사(6권)
자복 화상(22권)
자재 선사(7권)
자화 선사(22권)
장 선사(20권)
장 선사(23권)
장경 혜릉(18권)
장용 선사(22권)
장이 선사(10권)
장평산 화상(12권)
적조 선사(21권)
전긍 선사(26권)
전법 화상(23권)
전부 선사(12권)
전식 선사(4권)
전심 대사(21권)
전은 선사(24권)
전초 선사(20권)
정 선사(21권)
정과 선사(20권)
정수 대사(22권)
정수 선사(13권)
정오 대사(21권)
정오 선사(20권)
정원 화상(23권)
정조 혜동(26권)
정혜 선사(24권)
정혜 화상(21권)
제 선사(25권)
제다가(1권)
제봉 화상(8권)
제안 선사(7권)
제안 화상(10권)
조 선사(9권)
조 선사(22권)
조산 본적(17권)
조수(제2세)(24권)
조주 종심(10권)
존수 선사(16권)
종괴 선사(21권)
종귀 선사(22권)
종랑 선사(11권)
종범 선사(17권)
종선 선사(24권)
종성 선사(23권)
종습 선사(19권)
종실 선사(23권)
종의 선사(26권)
종일 선사(21권)
종일 선사(26권)
종전 선사(19권)
종정 선사(19권)
종지 선사(20권)
종철 선사(12권)
종현 선사(25권)
종혜 대사(23권)
종효 선사(21권)
종흔 선사(21권)
주 선사(24권)
주지 선사(21권)
준 선사(24권)
준고 선사(15권)
중도 화상(20권)
중만 선사(23권)
중운개 화상(16권)
중홍 선사(15권)
증각 선사(23권)
증선사(제2세)(20권)
지 선사(4권)
지견 선사(6권)
지관 화상(12권)
지구 선사(22권)
지균 선사(25권)

색 인 표

지근 선사(26권)
지단 선사(22권)
지덕 대사(21권)
지도 선사(5권)
지륜 선사(24권)
지묵(제2세)(22권)
지봉 대사(26권)
지봉 선사(4권)
지부 선사(18권)
지상 선사(5권)
지성 선사(5권)
지암 선사(4권)
지엄 선사(24권)
지옹(제3세)(24권)
지원 선사(16권)
지원 선사(17권)
지원 선사(21권)
지위 선사(4권)
지은 선사(24권)
지의 대사(25권)
지의 선사(27권)
지의 화상(12권)
지장 선사(7권)
지장 화상(24권)
지적 선사(22권)
지조(제3세)(23권)
지진 선사(9권)
지징 대사(26권)
지철 선사(5권)
지통 선사(10권)
지통 선사(5권)
지행(제2세)(23권)
지황 선사(5권)
지휘 선사(20권)
진 선사(20권)
진 선사(23권)
진 존숙(12권)
진각 대사(18권)
진각 대사(24권)
진감(제4세)(23권)
진랑 선사(14권)
진응 선사(13권)
진적 선사(21권)
진적 선사(23권)
진화상(제3세)(23권)
징 선사(22권)
징 화상(24권)
징개 선사(24권)
징원 선사(22권)
징정 선사(21권)
징조 대사(15권)

ㅊ

찰 선사(29권)
창선사(제3세)(20권)
책진 선사(25권)
처미 선사(9권)
처진 선사(20권)
천개유 선사(16권)
천룡 화상(10권)
천복 화상(15권)
천왕원 화상(20권)
천태 화상(17권)
청간 선사(12권)
청교 선사(23권)
청면(제2세)(23권)
청모 선사(24권)
청법 선사(21권)
청석 선사(25권)
청양 선사(13권)
청요 선사(23권)
청용 선사(25권)
청욱 선사(26권)
청원 화상(17권)
청원 행사(5권)
청좌산 화상(20권)
청진 선사(23권)
청품(제8세)(23권)
청해 선사(23권)
청해 선사(24권)
청호 선사(21권)
청환 선사(21권)
청활 선사(22권)
초 선사(20권)
초남 선사(12권)
초당 화상(8권)
초복 화상(15권)
초오 선사(19권)
초증 대사(18권)
초훈(제4세)(24권)
총인 선사(7권)
추산 화상(17권)
충언(제8세)(23권)
취미 무학(14권)
칙천 화상(8권)
침 선사(22권)

ㅌ

타지 화상(8권)
태원부 상좌(19권)
태흠 선사(25권)
통 선사(17권)
통 선사(19권)
통법 도성(26권)
통변 도홍(26권)
통화상(제2세)(24권)
투자 감온(15권)

ㅍ

파조타 화상(4권)
파초 화상(16권)
파초 화상(20권)
포대 화상(27권)
풍 선사(23권)
풍간 선사(27권)
풍덕사 화상(12권)
풍혈 연소(13권)
풍화 화상(20권)

ㅎ

하택 신회(5권)
학륵나(2권)
학림 선사(4권)
한 선사(10권)
한산자(27권)
함계 선사(17권)
함광 선사(24권)
함택 선사(21권)
항마장 선사(4권)
해안 선사(16권)
해호 화상(16권)
행랑 선사(23권)
행명 대사(26권)
행수 선사(17권)
행숭 선사(22권)
행애 선사(23권)
행언 도사(25권)
행인 선사(23권)
행전 선사(20권)
행주 선사(19권)
행충(제1세)(23권)
향 거사(3권)
향성 화상(20권)
향엄 지한(11권)
향엄의단선사(10권)
헌 선사(20권)
현눌 선사(19권)
현량 선사(24권)
현밀 선사(23권)
현사 사비(18권)

색 인 표

현소 선사(4권)
현오 선사(20권)
현정 대사(4권)
현지 선사(24권)
현진 선사(10권)
현책 선사(5권)
현천언 선사(17권)
현천(제2세)(23권)
현칙 선사(25권)
현태 상좌(16권)
현통 선사(18권)
협 존자(1권)
협산 선회(15권)
혜 선사(20권)
혜 선사(22권)
혜 선사(23권)
혜가 대사(3권)
혜각 대사(21권)
혜각 선사(11권)
혜거 국사(25권)
혜거 선사(20권)
혜거 선사(26권)
혜공 선사(16권)
혜광 대사(23권)
혜능 대사(5권)
혜달 선사(26권)
혜랑 선사(14권)
혜랑 선사(21권)
혜랑 선사(26권)
혜렴 선사(22권)
혜륜 대사(22권)
혜만 선사(3권)
혜명 선사(25권)
혜방 선사(4권)
혜사 선사(27권)
혜성 선사(14권)
혜성(제14세)(26권)
혜안 국사(4권)
혜오 선사(21권)
혜원 선사(25권)
혜월법단(제3세)(26권)
혜일 대사(11권)
혜장 선사(6권)
혜제 선사(25권)
혜종 선사(17권)
혜철(제2세)(23권)
혜청 선사(12권)
혜초 선사(9권)
혜충 국사(5권)
혜충 선사(4권)
혜충 선사(23권)
혜하 대사(20권)
혜해 선사(20권)
호감 대사(22권)
호계 암주(12권)
홍구 선사(12권)
홍나 화상(8권)
홍변 선사(9권)
홍엄 선사(21권)
홍은 선사(6권)
홍인 대사(3권)
홍인 선사(22권)
홍장(제4세)(23권)
홍제 선사(23권)
홍진 선사(24권)
홍천 선사(16권)
홍통 선사(20권)
화룡 화상(23권)
화림 화상(14권)
화산 화상(17권)
화엄 화상(20권)
환보 선사(16권)
환중 선사(9권)
황룡(제2세)(26권)
황벽 희운(9권)
회기 대사(23권)
회악 선사(18권)
회악(제4세)(20권)
회우 선사(16권)
회운 선사(7권)
회운 선사(20권)
회정 선사(9권)
회주 선사(23권)
회초(제2세)(23권)
회충 선사(16권)
회통 선사(4권)
회해 선사(6권)
횡룡 화상(23권)
효료 선사(5권)
효영(제5세)(26권)
효오 대사(21권)
후 화상(22권)
후동산 화상(20권)
후초경 화상(22권)
휴정 선사(17권)
흑간 화상(8권)
흑수 화상(24권)
흑안 화상(8권)
흥고 선사(23권)
흥법 대사(18권)
흥평 화상(8권)
흥화 존장(12권)
희변 선사(26권)
희봉 선사(25권)
희원 선사(26권)

부록은 농선 대원 선사님의 인가 내력과 법어 그리고 대원 선사님께서 직접 작사하신 노래 가사를 실었다. 특히 요즘 선지식 없이 공부하는 이들을 위하여 수행의 길로부터 불보살님의 누림까지 닦아 증득할 수 있도록 '부록4'에 '가슴으로 부르는 불심의 노래' 가사를 담았으니 끝까지 정독하여 수행의 요긴한 지침이 되기를 바란다.

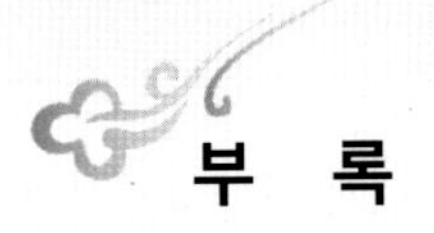

부 록

부록1 농선 대원 선사님 인가 내력 223
부록2 농선 대원 선사님 법어 231
부록3 21세기에 인류가 해야 할 일 259
부록4 가슴으로 부르는 불심의 노래 263

농선 대원 선사님 인가 내력

제 1 오도송

이 몸을 끄는 놈 이 무슨 물건인가?
골똘히 생각한 지 서너 해 되던 때에
쉬이하고 불어온 솔바람 한 소리에
홀연히 대장부의 큰 일을 마치었네

무엇이 하늘이고 무엇이 땅이런가
이 몸이 청정하여 이러-히 가없어라
안팎 중간 없는 데서 이러-히 응하니
취하고 버림이란 애당초 없다네

하루 온종일 시간이 다하도록
헤아리고 분별한 그 모든 생각들이
옛 부처 나기 전의 오묘한 소식임을
듣고서 의심 않고 믿을 이 누구인가!

此身運轉是何物
疑端汨沒三夏來
松頭吹風其一聲
忽然大事一時了

何謂靑天何謂地
當體淸淨無邊外
無內外中應如是
小分取捨全然無

一日於十有二時
悉皆思量之分別
古佛未生前消息
聞者卽信不疑誰

대원 선사님의 스승이신 불조정맥 제77조 조계종(曹溪宗) 전강(田岡) 대선사님께서 1962년 대구 동화사의 조실로 계실 당시 대원 선사님께서도 동화사에 함께 머무르고 계셨다.

하루는 전강 대선사님께서 대원 선사님의 3연으로 되어 있는 제1오도송을 들어 깨달은 바는 분명하나 대개 오도송은 짧게 짓는다고 말씀하셨다. 이에 대원 선사님께서는 제1오도송을 읊은 뒤, 도솔암을 떠나 김제들을 지나다가 석양의 해와 달을 보고 문득 읊었던 제2오도송을 일러드렸다.

제 2 오도송

해는 서산 달은 동산 덩실하게 얹혀 있고
김제의 평야에는 가을빛이 가득하네
대천이란 이름자도 서지를 못하는데
석양의 마을길엔 사람들 오고 가네

日月兩嶺載同模
金提平野滿秋色
不立大千之名字
夕陽道路人去來

제2오도송을 들으신 전강 대선사님께서는 이에 그치지 않고 그와 같은 경지를 담은 게송을 이 자리에서 즉시 한 수 지어볼 수 있겠냐고 하셨다. 대원 선사님께서는 곧바로 다음과 같이 읊으셨다.

바위 위에는 솔바람이 있고
산 아래에는 황조가 날도다

대천도 흔적조차 없는데
달밤에 원숭이가 어지러이 우는구나

岩上在松風
山下飛黃鳥
大千無痕迹
月夜亂猿啼

전강 대선사님께서는 위 송의 앞의 두 구를 들으실 때만 해도 지그시 눈을 감고 계시다가 뒤의 두 구를 마저 채우자 문득 눈을 뜨고 기뻐하는 빛이 역력하셨다.

그러나 전강 대선사님께서는 여기에서도 그치지 않고 다시 한 번 물으셨다.

"대중들이 자네를 산으로 불러내어 그 중에 법성(향곡 스님 법제자인 진제 스님. 동화사 선방에 있을 당시에 '법성'이라 불렸고, 나중에 '법원'으로 개명하였다.)이 달마불식(達磨不識) 도리를 일러보라 했을 때 '드러났다'라고 답했다는데, 만약에 자네가 당시의 양무제였다면 '모르오'라고 이르고 있는 달마 대사에게 어떻게 했겠는가?"

대원 선사님께서 답하셨다.

"제가 양무제였다면 '성인이라 함도 서지 못하나 이러-히 짐의 덕화와 함께 어우러짐이 더욱 좋지 않겠습니까?' 하며 달마 대사의 손을 잡아 일으켰을 것입니다."

전강 대선사님께서 탄복하며 말씀하셨다.

"어느새 그 경지에 이르렀는가?"

"이르렀다곤들 어찌하며, 갖추었다곤들 어찌하며, 본래라곤들 어찌하리까? 오직 이러-할 뿐인데 말입니다."

대원 선사님께서 연이어 말씀하시자 전강 대선사님께서 이에 환희하시니 두 분이 어우러진 자리가 백아가 종자기를 만난 듯, 고수명창 어울리듯 화기애애하셨다.

달마불식 공안에 대한 위의 문답은 내력이 있는 것이다. 전강 대선사님께서 대원선사님을 부르시기 며칠 전에, 저녁 입선 시간 중에 노장님 몇 분만이 자리에 앉아있을 뿐 자리가 텅텅 비어 있었다고 한다.

대원 선사님께서 이상히 여기고 있던 중, 밖에서 한 젊은 수좌가 대원선사님을 불렀다. 그 수좌의 말이 스님들이 모두 윗산에 모여 기다리고 있으니 가자고 하기에 무슨 일인가 하고 따라가셨다.

그러자 그 자리에 있던 법성 스님이 보자마자 달마불식 법문을 들고 이르라고 하기에 지체없이 답하셨다.

"드러났다."

곁에 계시던 송암 스님께서 또 안수정등 법문을 들고 물으셨다.

"여기서 어떻게 살아나겠소?"

대뜸 큰소리로 이르셨다.

"안·수·정·등."

이에 좌우에 모인 스님들이 함구무언(緘口無言)인지라 대원 선사님께서는 먼저 그 자리를 떠나 내려와 버리셨다.

그 다음날 입승인 명허 스님께서 아침 공양이 끝난 자리에서 지난 밤 입선시간 중에 무단으로 자리를 비운 까닭을 묻는 대중 공사를 붙여 산 중에서 있었던 일들이 낱낱이 드러나고 말았다. 그리하여 입선시간

중에 자리를 비운 스님들은 가사 장삼을 수하고 조실인 전강 대선사님께 참회의 절을 했던 일이 있었다.

전강 대선사님께서는 이때에 대원 선사님께서 달마불식 도리에 대해 일렀던 경지를 점검하셨던 것이다.

이런 철저한 검증의 자리가 있었던 다음 날, 전강 대선사님께서 부르시기에 대원 선사님께서 가보니 모든 것이 약조된 데에서 주지인 월산(月山) 스님께서 입회해 계셨으며 전강 대선사님께서는 곧바로 다음과 같이 전법게(傳法偈)를 전해주셨다.

전 법 게

부처와 조사도 일찍이 전한 것이 아니거늘
나 또한 어찌 받았다 하며 준다 할 것인가
이 법이 2천년대에 이르러서
널리 천하 사람을 제도하리라

佛祖未曾傳
我亦何受授
此法二千年
廣度天下人

덧붙여 이 일은 월산 스님이 증인이며 2000년까지 세 사람 모두 절대 다른 사람이 알게 하거나 눈에 띄게 하지 않아야 한다고 당부하셨다.

만약 그러지 않을 시에는 대원 선사님께서 법을 펴 나가는데 장애가 있을 것이라고 예언하셨다. 또한 각별히 신변을 조심하라 하시고 월산 스님에게 명령해 대원선사님을 동화사의 포교당인 보현사에 내려가 교화에 힘쓰게 하셨다.

대원 선사님께서 보현사로 떠나는 날, 전강 대선사님께서는 미리 적어두셨던 부송(付頌)을 주셨으니 다음과 같다.

부 송

어상을 내리지 않고 이러-히 대한다 함이여
뒷날 돌아이가 구멍 없는 피리를 불리니
이로부터 불법이 천하에 가득하리라

不下御床對如是
後日石兒吹無孔
自此佛法滿天下

위의 게송에서 '어상을 내리지 않고 이러-히 대한다 함이여'라는 첫째 줄 역시 내력이 있는 구절이다.

전에 대원 선사님께서 전강 대선사님을 군산 은적사에서 모시고 계실 당시 마당에서 홀연히 마주쳤을 때 다음과 같은 문답이 있었다.

전강 대선사님께서 물으셨다.

"공적(空寂)의 영지(靈知)를 이르게."

대원 선사님께서 대답하셨다.

"이러-히 스님과 대담(對談)합니다."
"영지의 공적을 이르게."
"스님과의 대담에 이러-합니다."
"어떤 것이 이러-히 대담하는 경지인가?"
"명왕(明王)은 어상(御床)을 내리지 않고 천하 일에 밝습니다."

위와 같은 문답 중에 대원 선사님께서 답하신 경지를 부송의 첫째 줄에 담으신 것이다.

전강 대선사님께서 대원선사님을 인가(印可)하신 과정을 볼 때 한 번, 두 번, 세 번을 확인하여 철저히 점검하신 명안종사의 안목에 탄복하지 않을 수 없으며 이에 끝까지 1초의 머뭇거림도 없이 명철하셨던 대원선사님께 찬탄하지 않을 수 없다.

그리하여 법열로 어우러진 두 분의 자리가 재현된 듯 함께 환희용약하지 않을 수 없다.

이제 전강 대선사님과 약속한 2천년대를 맞이하였으므로 여기에 전법게를 밝힌다.

이로써 경허, 만공, 전강 대선사님으로 내려온 근대 대선지식의 정법의 횃불이 이 시대에 이어져 전강 대선사님의 예언대로 불법이 천하에 가득할 것이다.

농선 대원 선사님 법어

깨달음은 실증실수다. 그러나 지금의 불교가 잘못된 견해와 지식으로 불조의 가르침을 왜곡하고 견성성불 하고자 애쓰는 수행인들을 오히려 길을 잃고 헤매게 하고 있다.

그래서 이 장에서는 대원 선사님의 혜안으로 제방에서 논의되는 불교의 핵심적인 대목을 밝혀, 불조의 근본 종지를 드러내고 불교가 나아가야 할 바를 보였다.

깨달음의 정수를 담은 12게송은 실제 깨닫지 못하고 말로만 깨달음을 말하거나 혹은 깨달았다 해도 보림이 미진한 이들을 경계하게 하며 실증의 바탕에서 닦아 증득할 수 있도록 하였으니, 생사를 결단하고 본연한 참나를 회복하려는 이들에게 칠흑 같은 밤길에 등불과 같은 길잡이가 될 것이다.

화두실참

제방의 선방 상황을 보면 목적지에 이르는 길을 몰라 노정길을 묻고 있는 격이다. 무자와 이뭐꼬 화두가 최고라 하면서도 실제 실참을 하지 못하고 있기 때문이다. '이 무엇인고?' 하면서 이 눈으로 보려 한다면 경계 위에서 찾는 것이어서 억만 겁을 두고 찾아도 찾을 수 없다. 그러므로 깨달아 일체종지를 이룬 스승의 분명한 안목의 지도가 없다면 화두를 들든, 관법을 행하든, 염불을 하든 깨달음을 기약한다는 것이 정말 어렵다 할 것이다.

오후보림

설사 깨달음을 성취했다 해도 그것은 공부의 끝이 아니다. 오후보림을 통해 업을 다해야만 육신통을 자재할 수 있게 되는 것이다. 일상에 육신통을 자재하는 구경본분의 경지일 때 비로소 공부를 마쳤다 할 것이다.

개유불성

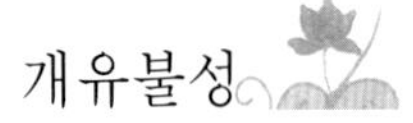

부처님께서 분명히 준동함령 개유불성(蠢動含靈 皆有佛性)이라고 하셨다. 이것은 모든 만물이 다 부처가 될 성품을 갖고 있다는 뜻이다. 불성이 하나라고 주장하는 목소리가 불교계에 드높으나 이것은 개유불성 즉, 낱낱이 제 불성은 제가 지니고 있다는 부처님의 말씀을 정면으로 어기는 말이다.

옛 선사님 말씀에 '천지(天地)가 여아동근(與我同根)이고 만물(万物)이 여아일체(與我一切)'라고 했다. '천지가 여아동근이다' 라는 것은 하늘 땅이 나와 더불어 같은 뿌리라는 말이다.

'나와 더불어'라고 했고 또한 한 뿌리가 아니라 같은 뿌리라고 했다. '더불 여(與)'자와 '같을 동(同)'자가 이미 하나라 할 수 없다는 것을 말해주고 있다. 즉 이 말은 하나와도 같다, 한결같이 똑같다는 말이다. 하나라면 '같을 동'자 뿐만 아니라 일이란 글자도 설 수 없다. 일은 이가 있을 때에야 비로소 설 수 있는 것이다.

그러므로 '천지가 여아동근이다' 즉 하늘과 땅이 나와 더불어 같은 뿌리라는 것은 모든 것이 한결같이 가없는 성품 자체에서 비롯되었다는 말이다.

또한 '만물이 여아일체이다' 즉 만물이 나와 더불어 한 몸이라는 말에서 일체란 하나의 몸을 말하는 것이 아니라 모든 불성이 가없는 성품 자체로 서로 상즉한 온통인 몸을 말하는 것이어서 만물이 나와 더불어 상즉한 자체를 말한 것이다.

공부를 많이 한 사람이 외도에 깊이 떨어지는 경우가 있다. 인가를 받지 못한 선지식들이 모두 체성을 보지 못한 이는 아니다. 가없는 성품 자체에 사무치고 보니 도저히 둘일 수가 없으므로 불성이 하나라고 한 것이다. 그러나 불성이 하나라고 하는 것은 바른 깨달음이 아니다. 그래서 인가를 받지 않으면 외도라 하는 것이다. 체성에 사무쳤다 해도 스승의 지도를 받아 일체종지를 이루지 못하면 이런 큰 허물을 짓는 것이다.

만약 불성이 하나라고 하는 이가 있으면 “아픈 것을 느끼는 것이 몸뚱이냐, 자성이냐?”라고 물어야 한다. 그러면 당연히 누구나 자성이라고 답할 것이다. 만약 몸뚱이가 아픔을 느끼는 것이라면 시체도 아픔을 느껴야 하기 때문이다. 이렇게 볼 때에 자성이 하나라면 누군가 아플 때 동시에 모두 아픔을 느껴야 할 것이다. 또한 한 사람이 생각을 일으킬 때 이를 모두 알아야 한다. 불성이 하나라면 마음도 하나여서 다른 마음이 있을 수 없기 때문이다.

돈오돈수 

제방에 돈오돈수(頓悟頓修)에 대한 여러 가지 서로 다른 주장으로 시비가 끊어지지 않고 있다. 이로 인해 수행자들이 견성하면 더 이상 닦을 것이 없다는 그릇된 견해에 집착하거나 의심을 일으킬까 염려하여 여기에 바른 돈오돈수의 이치를 밝히고자 한다.

견성이 곧 돈오돈수라고 하는 분들이 많다.

그러나 견성이 곧 구경지인 성불이라면 돈오면 그만이지 돈수란 말은 왜 해놓았겠는가?

또한 오후보림(悟後保任)이라는 말은 무슨 말인가.

금강경에는 네 가지 상(我相, 人相, 衆生相, 壽者相)만 여의면 곧 중생이 아니라는 말이 수없이 되풀이되고 있다.

그런데 제구 일상무상분(第九 一相無相分)을 볼 때 다툼이 없는(곧 모든 상을 여읜) 삼매인(三昧人) 가운데 제일인 아라한도 구경지가 아니니 보살도를 닦아 등각을 거쳐야 구경성불인 묘각지에 이르른다는 사실을 알 수 있다.

또한, 제이십삼 정심행선분(第二十三 淨心行善分)을 보면 부처님께서 "아도 없고, 인도 없고, 중생도 없고, 수자도 없는 가운데 모든 선법(善法)을 닦아야 곧 아뇩다라삼먁삼보리를 얻는다."라고 말씀하시고 있으니 이것은 다름이 아니라 견성한 후에 견성을 한 지혜로써 항상 체성을 여의지 않고, 남은 업을 모두 닦아 본래 갖춘 지혜덕상을 원만하게 회복시켜야 구경성불할 수 있다는 말씀이다.

그렇다면 어째서 돈수일까?

'돈'이란 시공이 설 수 없는 찰나요, '수'란 시간과 공간 속에서 닦는 것이다.

단박에 마친다면 '돈'이면 그만이고, 견성 이전이든 이후든 닦음이 있다면 '수'라고만 할 것이지 어째서 돈과 수가 함께 할 수 있을까? 그야말로 물의 차고 더움은 그 물을 마셔본 자만이 알듯이 깨달은 사람만이 알 것이다.

사무쳐 깨닫고 보니 시공이 서지 않아 이러-히 닦아도 닦음이 없으니 네 가지 상이 없는 가운데 모든 선법을 닦는 것이요, 단박에 깨달으니 색공(色空)이 설 수 없어 이러-한 경지에서 닦음 없이 닦으니 네 가지 상이 없는 가운데 모든 선법을 닦는 것이다.

이와 같이 깨달아서 깨달은 바 없고, 닦아서는 닦은 바 없이 닦아, 남음이 없는 구경지인 성불에 이르는 과정을 돈오돈수라 한다.

견성하면 마음 이외의 다른 물건이 없는 경지인데 어떻게 닦음이 있을 수 있는가 하고 의심하는 분들이 많다. 그러나 견성했다 해도 헤아릴 수 없는 겁 동안에 길들여온 업으로 인하여 경계를 대하면 깨달아 사무친 바와 늘 일치하지는 못한다.

그래서 견성한 지혜로써 항상 체성을 여의지 않고 억겁에 익혀온 업을 제거하고 지혜 덕상을 원만하게 회복시켜야 구경성불할 수 있다.

이것이 앞에서 밝혔듯 금강경에서 부처님께서 하신 말씀이요, 돈오돈수를 주창한 당사자인 육조 대사님께서 하신 말씀이다.

육조단경 돈황본 이십칠 상대법편과 이십팔 참됨과 거짓을 보면 육조 대사님께서 당신의 설법언하에 대오하고도 슬하에서 3, 40년간 보림한 십대 제자들을 모아놓고 말씀하신다.

"내가 떠난 뒤에 너희들은 각각 일방의 지도자가 될 것이다. 그러므로 내가 너희들에게 설법하는 것을 가르쳐서 근본종지를 잃지 않도록 해주리라. 나오고 들어감에 곧 양변을 여의도록 하라." 하시고 삼과(三科)의 법문과 삼십육대법(三十六對法)을 설하셨다.

뿐만 아니라 2, 3개월 후 다시 십대 제자들을 모아놓고 "8월이 되면 세상을 떠나고자 하니 너희들은 의심이 있거든 빨리 물어라. 내가 떠난 뒤에는 너희들을 가르쳐 줄 사람이 없다." 하시며 진가동정게(眞假動靜偈)를 설하시고 외워 가져 수행하여 종지를 잃지 않도록 하라고 거듭 당부를 하시고 있다.

이것을 보아서도 이 사람이 말한 돈오돈수와 육조 대사께서 말씀하신 돈오돈수가 같다는 것을 알 수 있을 것이다.

다시 한 번 밝히자면 돈오란 자신의 체성을 단박에 깨닫는 것이요, 돈수란 깨달은 체성의 지혜로써 닦음 없이 닦는 것으로 이것이 곧 오후 보림이며, 수행자들이 퇴전하지 않고 구경성불할 수 있는 바른 수행의 길이다.

다음은 전등록 제 9권에서 추출한 것이다.

"돈오(頓悟)한 사람도 닦아야 합니까?"

"만일 참되게 깨달아 근본을 얻으면 그대가 스스로 알게 될 것이니 닦는다, 닦지 않는다 하는 것은 두 가지의 말일 뿐이다. 처음으로 발심한 사람들이 비록 인연에 따라 한 생각에 본래의 이치를 단박에 깨달았으나 아직도 비롯함이 없는 여러 겁의 습기(習氣)는 단박에 없어지지 않으므로, 그것을 깨끗이 하기 위하여 현재의 업과 의식의 흐름을 차츰차츰 없애야 하나니 이것이 닦는 것이다. 그것에 따로이 수행하게 하는 법이 있다고 말하지 마라.

들음으로 진리에 들고, 진리를 듣고 묘함이 깊어지면 마음이 스스로 두렷이 밝아져서 미혹한 경지에 머무르지 않으리라. 비록 백천 가지 묘한 이치로써 당대를 휩쓴다 하여도 이는 자리에 앉아서 옷을 입었다가 다시 벗는 것으로써 살림을 삼는 것이니, 요약해서 말하면 실제 진리의 바탕에는 한 티끌도 받아들이지 않지만 만행을 닦는 부문에서는 한 법도 버리지 않느니라. 만일 깨달았다는 생각마저 단번에 자르면 범부니 성인이니 하는 생각이 다하여, 참되고 항상한 본체가 드러나 진리와 현실이 둘이 아니어서 여여한 부처이니라."

"무엇이 돈오(頓悟)이며, 무엇을 점수(漸修)라 합니까?"

"자기의 성품이 부처와 똑같다는 것은 단박에 깨달았으나 비롯함이 없는 옛적부터의 습관은 단박에 제거할 수 없으므로 차츰 물리쳐서 성품에 따라 작용을 일으켜야 하니, 마치 사람이 밥을 먹을 때에 첫술에 배가 부르지 않는 것과 같다."

간화선인가 묵조선인가

나에게 "당신의 지도는 간화입니까, 묵조입니까?"라고 묻는 이들이 있다. 나의 지도법에는 애당초부터 간화니 묵조니 하는 것이 없다. 가없는 성품 자체로 일상을 지어가라는 말이 바로 그것을 대변해주고 있다. 묵조선과 간화선이 나뉜 것은 육조 대사 이후여서 육조 대사 당시까지만 해도 묵조선이니, 간화선이니 하여 나누지 않았다. 나는 육조 대사 당시의 법을 그대로 펴고 있는 것이다.

묵조선과 간화선은 원래 종파가 아니다. 지도받는 이의 근기에 따라 지도한 방편일 뿐이다. 들뜬 생각과 분별망상에서 이끌어내기 위한 방편으로 지도한 것이 묵조선이다. 그렇게 이끌어서 깨달아 사무치면 깨달아 사무친 경지가 일상이 되게끔 다시 이끌어 주어야 하는 것이다.

달마 대사를 묵조선이라고 하는데 중국에 오기 전 달마 대사가 육파외도(六派外道)를 조복시키는 대목을 보면 달마 대사가 묵조선이 아니라는 것이 역력히 드러난다.

다만 황제가 법문을 할 정도였던 그 시대의 교리 위주의 이론불교를 근본불교에 이르게 하기 위한 방편으로 "밖으로 반연하여 일으키는 모든 생각을 쉬고 안으로 구하는 마음마저 쉬어라."라고 가르친 것이다. 간화선도 마찬가지여서 화두라는 용광로에 일체 분별망상을 녹여 없앰으로써 밖으로 반연하여 일으키는 모든 생각을 쉬고, 안으로 구하는 마음마저 쉬게 하여 깨닫게끔 한 것이다.

즉 화두를 들어도 이런 경지에 이르러야 깨달을 수 있는 것이다. 오롯이 끊어지지 않게 화두를 들어서 오직 이러한 경지에 이르러 있다가 어떤 경계에 문득 부딪힘으로써 깨닫게 된다. 결국에는 화두인 모든 공안도리 역시 사무쳐 깨닫게 하기 위한 방편이다.

그러므로 수기설법(隨機說法)하고 응병여약(應病與藥)해야 한다. 나 역시 제자가 이러한 경지에 사무쳐 깨닫게끔 하지만, 이미 사무친 연후에는 가없는 성품 자체에 머물러 있으려고만 하지 말고, 그 경지에서 응하여 모자람 없도록 지어나가야 한다고 지도한다.

묵조나 일행삼매(一行三昧), 어느 쪽도 모든 이에게 정해 놓고 일정하게 주어서는 바른 지도가 될 수 없는 것이다. 내가 앉아서 선화할 때에는 오직 심외무물의 경지만 오롯하게끔 지으라고 지도하는 것은 어떻게 보면 묵조선이다. 그것이 가장 빨리 업을 녹이는 방법이기 때문에 그렇게 지도하는 것이다.

그러나 활동할 때는 가없는 성품 자체로 일상을 지어 가라고 지도했으니 이것은 곧 일행삼매에 이르도록 지도한 것이다. 안팎 없는 경지를 여의지 않는 것이 삼매이니, 일상생활 속에서 여의지 않는 가운데 보고 듣고, 보고 듣되 여의지 않는 그것이 일행삼매이다.

그렇다면 나는 한 사람에게 묵조선과 일행삼매를 다 가르치고 있는 것이 된다. 묵조선이라고 했지만 앉아서는 생사해탈을 위한 멸진정을 익히도록 하고, 그 외에는 다 일행삼매를 짓도록 지도하고 있는 것이어서 한편으로 멸진정을 익히는 가운데 조사선을 짓고 있는 것이다.

어떠한 약도 쓰이는 곳에 따라 좋은 약이 되기도 하고 사약이 되기도 한다. 스승이 진정 자유자재해서 제자가 머물러 있는 부분을 틔워주는 지도를 할 때 그것이 약이 되는 것이다.

그러므로 '나는 간화선만을 가르친다.' 그렇게 지도해서는 안 된다. 부처님께서도 수기설법하라 하셨다. 병을 치료해 주는 것이 약이듯 그 기틀에 맞게끔 설해 주는 것이 참 법이다.

무유정법(無有定法)이라 하지 않았는가. 그 사람의 바탕과 익힌 업력과 현재의 경지 등 모든 것을 참작해서 거기에 알맞게 베풀어 주어야 한다.

부처님의 경을 마가 설하면 마설이 되고, 마경을 부처님께서 설하시면 진리의 경전이 된다는 것도 바로 이런 데에서 하신 말씀이다.

어느 한 종에만 편승하면 안 된다. 우리는 이 속에 오종칠가(五宗七家)의 법을 다 수용해야 된다. 어느 한 법도 버릴 수 없다. 모든 근기에 알맞도록 설해 주고 이끌어 줄 수 있어야 하기 때문이다.

그래서 다만 응하여 모자람이 없이 병에 의하여 약을 줄 뿐, 정해진 법이 없어서 어느 한 법도 따로 취함이 없어야 하는 것이다.

육조 대사께 행창이 찾아와 부처님 열반경 중에서 유상(有常)과 무상(無常)을 가지고 물었을 때 행창이 무상이라 하면 육조 대사는 유상이라 하고, 행창이 유상이라 하면 육조 대사는 무상이라 했다. 왜냐하면 원래부터 무상이니 유상이니가 있을 수 없어서, 부처님께서는 다만 유상이라는 집착을 벗어나게 하기 위해 무상을 말씀하시고, 무상이라는 집착을 벗어나게 하기 위해 유상을 말씀하셨을 뿐이거늘, 행창은 열반경의 이 말씀에 묶여 있었기 때문이다.

육조 대사가 이러한 이치에 대해서 설하자 행창이 곧 깨닫고 오도송을 지어 바쳤다.

이렇게 수기설법할 때 불법이다. 수기설법하지 못하면 임제종보다 더한 것이라 해도 불법일 수 없다.

각각 사람의 근기가 다른데 어떻게 천편일률적인 방법으로 똑같이 교화할 수 있겠는가.

불교 종단은 깨달은 분에 의해 운영되어야 한다

불교 정상의 지도자는 깨달아 일체종지를 이룬 분으로서, 어떤 이보다도 그 통달한 지혜와 덕과 복을 갖춤이 뛰어나고, 멀리 앞을 내다보는 안목을 지니고 있어야 한다. 그리고 불교 종단은 그분의 말이 법이 되어야 하고, 그분의 지시에 의해 운영되어야 한다.

당연하게 여겨져야 할 이 일이 새삼스러운 일로 여겨지는 것이야말로 크게 개탄해야 될 오늘날 불교계의 현실이다. 왜냐하면 이 일이 새삼스러워진 것만큼 부처님 당시의 법에서 그만큼 멀어졌다는 것을 의미하기 때문이다.

석가모니 부처님 생전에는 부처님 말씀 그대로가 법이었다. 그리고 부처님은 깨달음을 제1의 법으로 두셨다. 그렇기 때문에 부처님의 모든 법문을 가장 많이 알고 있는 다문제일 아난존자가 깨닫지 못했다는 이유로 부처님 열반 후, 제1차 경전 결집에 참여할 수 없었던 것이다.

이변인 법에 있어서 뿐만 아니라 사변인 승단의 행정에 있어서도 마찬가지였다. 계율을 정하고, 대중을 통솔하고, 승단을 운영하는 일까지 부처님께서 직접 지시하셨다.

모든 제자들은 부처님의 말씀을 따라 그 지시대로 한 마음, 한 뜻으로 부처님의 손발이 되었을 뿐이다. 부처님의 지시야말로 과거, 현재,

미래를 내다보는 안목의 가장 이상적인 행정이었기 때문이다.

우리나라 역시 근대에만 해도 깨달아 법력을 지닌 분이 종정을 지내셨을 때에는 그분의 말씀이 법이었고, 인가 받은 분들이 종회에 계실 때에는 그분들의 말씀을 받들어 종단의 행정이 운영되었다.

하동산 선사나 금오 선사, 효봉 선사 같은 분들이 종정이셨던 1950~60년대까지도 그러하였으니, 종정이 종단 전체의 주요 안건을 결정하는 결정권을 가지고 있었다.

종회 역시 혜암 스님, 금오 스님, 춘성 스님, 청담 스님 등 만공 선사 회상에서 인가 받은 분들이 종회에 계실 때에는 그분들의 뜻에 의거하여 종회 의원들이 승단의 일을 처리하였다.

그러므로 현재에 있어서도 만약 종회에 의해 종단이 운영되어야 한다면, 종회는 깨달아 보림한 분으로 구성되어야 한다. 그러한 종회라면 금상첨화여서 가장 훌륭한 불교 종단 운영이 될 것이다. 그러나 그것이 어려워서 깨달아 보림해서 일체종지를 통달한 분이 종정 한 분이라면, 그 한 분에 의해 모든 통솔이 이루어져야 한다. 만약 깨닫지 못한 분으로 이루어진 종회나 총무원에 의해 종단이 운영된다면, 십중팔구 그것은 진리가 아닌 세속적인 판단으로 흘러가기 때문이다.

이것은 불교 종단뿐만 아니라 한 절에 있어서도 마찬가지이다. 법이 가장 뛰어난 분으로 그 절의 운영이 이루어져야 바른 운영이 이루어진다. 그래서 선을 꽃피웠던 중국에서도 56조 석옥 청공 선사에 이르기까지 대대로 공부가 가장 많이 된 분인 조실이 주지를 겸하여 절 일을 보셨다.

조실과 주지가 다른 분이 아니었으니, 이판과 사판이 나뉘어지지 않았다.

이판을 운용하는 것이 사판이기 때문에, 이판과 사판은 본래 나뉠 수 없는 것이다. 이판에 있어서 깨달은 분이어야 하는 것처럼, 사변을 운용하고 다스리는 사판에 있어서도 다를 수 없다고 본다.

일체유심조, 마음이 세계를 빚어내듯 모든 이치를 운용하는 지혜가 있어야 사변에 있어서도 자유자재의 운영이 가능하기 때문이다.

일체 모든 진리를 설한 경전과 일체 모든 실천규범을 정한 율로 이사일치의 수행을 현실화했던 석가모니 부처님, 무위도식하거나 말로만 떠드는 수행을 경계하여 '일일부작이면 일일불식하라'는 승가의 규율을 통해 일상 그대로인 선을 꽃피우고자 했던 백장 선사, 생생히 살아 숨쉬는 불법의 역사 어디에도 이판과 사판이 나뉘었던 적은 없었다.

불법은 이름 그대로 부처님의 법이다.

부처님 당시의 법이 오늘에 되살려져, 항상한 이치가 응하여 모자람 없는 다양한 방편으로 변주되어, 만인의 삶이 불법의 가피와 축복 속에 꽃피고 열매 맺을 수 있도록, 불교 종단의 운영은 반드시 깨달아 일체종지를 통달한 분에 의해 이루어져야 한다고 본다.

희비송(喜悲頌)

이름도 없고 상도 없는 일 없는 사람이
태평의 노래를 흥에 취해 불렀더니
때도 없고 끝도 없는 구제의 일이
대천세계에 충만히 펼쳐졌네

無名無相無事人
太平之歌唱興醉
無時無端救濟事
大千世界布充滿

정신송(正信頌)

이름도 없고 상도 없는 이 바탕인 몸이여
이 바탕을 깨달은 믿음이라야 바른 믿음이라
이와 같은 믿음이 없이는 마음이 나라 말라
눈 광명이 땅에 떨어질 때 한이 만단이나 되리라

無名無相是地體
悟地之信是正信
若無是信莫心我
眼光落地恨萬端

진심송(眞心頌)

이름도 없고 상도 없는 이 진공이여
공이라는 공은 공이라 함마저도 없는 참 바탕이라
이와 같은 바탕이라야 이 공인 몸이니
이와 같은 몸이 아니면 참다운 마음이 아니니라

無名無相是眞空
空空無空是眞地
如是之地是空體
如是非體非眞心

업신송(業身頌)

업의 몸이란 것은 고통의 근본이요
업의 마음이란 것은 환란의 근본이니라
업의 행이란 것은 다툼의 근본이요
업의 일이란 것은 허망의 근본이니라

業身乃苦痛之本
業心乃患亂之本
業行乃鬪爭之本
業事乃虛妄之本

보림송(保任頌) 1

업의 몸을 다스리는 데는 계행이 최상이요
업의 마음을 다스리는 데는 인내가 최상이니라
계행과 인내로 잘 다스리면 보림이 순조롭고
보림이 잘 이루어지면 구경에 이르느니라

治業身之戒最上
治業心之忍最上
善治戒忍順保任
善成保任至究竟

보림송(保任頌) 2

육신의 욕망은 하나까지라도 모두 버려야 하고
육신을 향한 생각은 남음이 없이 버려야 하느니라
이와 같이 보림하면 업이 중한 사람일지라도
당생에 반드시 구경지를 성취하리라

肉身欲望捨都一
肉身向思捨無餘
如是保任重業人
當生必成究竟地

공성본질송(空性本質頌) 1

무극인 빈 성품의 본래 몸은
언어나 마음과 행위로 표현 못 하나
모든 부처님과 만물이 이로 좇아 생겼으며
궁극에는 일체가 돌아가 의지할 곳이니라

無極空性之本體
言語道斷滅心行
諸佛萬物從此生
窮極一切歸依處

공성본질송(空性本質頌) 2

혼연한 빈 바탕을 이름해서 무아라 하고
무아의 다른 이름이 이 무극이니라
유정 무정이 이로 좇아 생겼으며
궁극에는 일체가 돌아가 의지할 곳이니라

渾然空地名無我
無我異名是無極
有情無情從此生
窮極一切歸依處

공성본질송(空性本質頌) 3

이러-히 밝게 사무친 것을 이름해서 견성이라 하고
이 바탕에 밝게 사무쳐야 바르게 깨달은 사람이니
도를 닦는 사람은 반드시 명심해서
각자 관조하여 그릇 깨달음이 없어야 하느니라

如是明徹名見性
是地明徹正悟人
修道之人必銘心
各者觀照無非悟

명정오송(明正悟頌)

밝지도 어둡지도 않은 곳을 향해서
그윽한 본래의 바탕에 합하여야
이것을 진실한 깨달음이라 하는 것이니
그렇지 않다면 바른 깨달음이 아니니라

向不明暗處
冥合本來地
此是眞實悟
不然非正悟

무아송(無我頌)

중생들이 말하는 무아라는 것은
변하고 달라지는 나를 말하는 것이요
깨달은 사람의 무아는
변하지 않는 나를 말하는 것이다

衆生之無我
變異之言我
悟人之無我
不變之言我

태시송(太始頌)

탐착한 묘한 광명에 합한 것이 상을 이루었고
상에 집착하여 사는데서 익힌 것이 모든 업을 이루었다
업을 인해서 만반상이 생겨 나왔으며
만상으로 해서 만반법이 생겨 나왔다

貪着妙光合成相
執相生習成諸業
因業生出萬般象
萬象生出萬般法

21세기에 인류가 해야 할 일

이 사람은 1962년 26세 때부터 21세기에 인류에게 닥칠 공해문제, 에너지문제를 예견하고 대체에너지(무한원동기, 태양력, 파력, 풍력 등) 개발과 '울 안의 농법'을 연구하고 그 필요성을 많은 이들에게 이야기해 왔습니다.

당시에는 너무 시대를 앞서가는 이야기여서인지 일반인들이 수용하지 못하고 오히려 불신의 눈으로 바라보며 이 사람의 법마저 의심하였습니다. 하지만 현대에 있어서는 이것이 인류가 해결해야 할 가장 절박한 사안이 되어 있습니다.

'사막화방지 국제연대'를 설립한 것도 현재 인류가 해결해야 할 가장 절박한 지구환경문제를 이슈화시키고 그 해결책을 제시하여 재앙에 직면한 지구촌을 살리기 위해서입니다.

'사막화방지 국제연대'에서 추진하고 있는 사막화 방지, 지구 초원

화, 대체에너지 개발은 온 인류가 발 벗고 나서서 해야 할 일입니다.

첫 번째 사막화 방지에 있어서 기존에 해왔던 '나무심기 사업'은 천문학적인 예산과 많은 인력을 동원하고도 극도로 황폐한 사막화된 환경을 되살리는 데 실패하였습니다.

그래서 이 사람은 사막화 방지에 있어서는 '사막 해수로 사업'을 새로운 방안으로 제시하였습니다.

사막 해수로 사업은 사막화된 지역에 수도관을 매설하여 바닷물을 끌어들여서 염분에 강한 식물을 중심으로 자연생태계를 복원하는 사업입니다.

이것은 나무심기 사업으로 심은 나무들이 절대적으로 물이 부족하여 생존할 수 없었던 문제를 해결할 수 있는, 현재로서는 유일한 해결책입니다.

그러나 '사막화방지 국제연대'의 목적은 사막이 확장되는 것을 방지하자는 것이지 사막 전체를 완전히 없애자는 것은 아닙니다. 인체에서 심장이 모든 피를 전신의 구석구석까지 골고루 보내어 살아서 활동하게 하듯이 사막은 오히려 지구의 심장 역할을 하는 중요한 곳이기 때문입니다.

그래서 21세기에 있어서는 다만 사막의 확장을 방지할 뿐 아니라 사막을 어떻게 운용하느냐를 연구해야 합니다.

사막에 바둑판처럼 사방이 막힌 플륨관 수로를 설치하여 동, 서, 남, 북 어느 방향의 수로를 얼마만큼 채우느냐 비우느냐에 따라, 사막으로부터 사방 어느 방향으로든 거리까지 조절하여, 원하는 지역에 비를 내리게 하고 그치게 할 수 있습니다. 철저히 과학적인 데이터에 의해 이렇게 사막을 운용함으로써 21세기의 지구를 풍요로운 낙원시대로 만들어가야 합니다.

두 번째로 지구를 초원화할 수 있는 방안으로 3년간의 실험을 통해, 광활한 황무지 지역을 큰 비용을 들이거나 많은 인력을 동원하지 않고도 짧은 시간 내에 초지로 바꿀 수 있는 식물을 찾아냈습니다.

그것은 바로 '돌나물'입니다. 돌나물은 따로 종자를 심을 필요가 없이 헬리콥터나 비행기로 살포해도 생존, 번식할 수 있으며, 추위와 더위, 황폐한 땅에서도 살아남을 수 있는 생명력과 번식력이 강한 식물입니다.

지구환경을 되살리는 초지조성 사업에 있어서 이것이 큰 도움이 되리라 생각합니다.

세 번째의 대체에너지 개발에 있어서는 태양력, 파력, 풍력 등 1962년도부터 이 사람이 연구하고 얘기해왔던 방법들이 이미 많이 개발되어 실용화한 단계에 있습니다.

이 세 가지 일은 한 개인이나 한 국가가 할 수 있는 일이 아닙니다. 모든 국가가 앞장서서 전세계적인 사업으로 이루어져야 합니다. 모든 국가가 함께 하는 기금조성이 이루어져야 하고 기금조성에 참여한 국가는 이 시스템에 의한 전면적인 혜택을 입을 수 있도록 해야 합니다.

인류 모두가 지혜를 모아 이 일에 전력을 다한다면 인류는 유사 이래 가장 좋은 시절을 맞이하게 될 것이며, 만약 이 일을 남의 일인 양 외면한다면 극한의 재앙을 면할 수 없을 것입니다.

이 사람이 오래 전부터 얘기해왔던 '울 안의 농법'은 이미 미국 라스베이거스(Las Vegas)에서 30층짜리 '고층 빌딩 농장'으로 구현되었습니다. 그렇게 크게도 운영될 수 있지만 각자 자신의 집에서 이루어지는 '울 안의 농법'도 필요합니다.

21세기에 있어서 또 하나 인류가 만일의 사태를 대비해서 연구, 추진해야 될 일이 있다면 바닷속에서의 수중생활, 수중경작입니다.

지구 온난화가 심화될 경우, 공기가 너무 많이 오염될 경우, 바닷물이 높아져 살 땅이 좁아질 경우 등에 대비할 때, 인류는 우주에서의 삶보다는 바닷속에서의 삶을 준비해야 합니다. 왜냐하면 그것이 훨씬 수월하고 비용도 절감할 수 있기 때문입니다.

이렇게 깨달은 이는 이변적으로는 깨달음을 얻게 하여 영생불멸의 삶을 영위할 수 있도록 만인을 이끌어야 하며 사변적으로는 일반인이 예측할 수 없는 백 년, 천 년 앞을 내다보아 이를 미리 앞서 대비하도록 만인의 삶을 이끌어줘야 한다고 생각합니다.

불법의 뜻은 다만 진리 전수에만 있는 것이 아니니, 만인이 서로 함께 영원한 극락을 누릴 때까지 물심양면으로, 이사일여로 베풀어 교화해야 하기 때문입니다.

가슴으로 부르는 불심의 노래

여기에 실린 가사는 모두 농선 대원 선사님께서 직접 작사하신 것이다. 수행의 길로 들어서게끔 신심, 발심을 북돋아주는 가사로부터 수행의 길로 접어든 이의 구도의 몸부림이 담겨있는 가사, 대승의 원력을 발해서 교화하는 보살의 자비심과 함께 낙원세계를 누리는 풍류를 그려놓은 가사까지 한마디, 한마디가 생생하여 그 뜻이 뼛속 깊이 새겨지고 그 멋에 흠뻑 취하게 된다. 농선 대원 선사님께서는 거칠고 말초적인 요즘의 노래를 듣고 이러한 정서를 순화시키고자, 또한 수행의 마음을 진작시키고자 하는 뜻에서 이 가사들을 쓰셨다.

그래야지

1.
마음으로 물질로써
갖가지로 베푸는 것
생활화한 국민되어
이뤄내는 국가되세
그래야지 그래야지
얼씨구나 좀 더 좋다

그런 이웃 그런 나라
이뤄내서 사노라면
모든 나라 따르리니
그리되면 지상낙원
그래야지 그래야지
얼씨구나 좀 더 좋다

별중의 별 될 것이니
선조의 뜻 이룸이라
후손으로 할 일 해낸
자부심이 치솟누나
그래야지 그래야지
얼씨구나 좀 더 좋다

얼씨구야 절씨구야
좀 더 좋고 좀 더 좋다
얼씨구야 절씨구야
좀 더 좋고 좀 더 좋다

아리랑 아리랑 아라리요
아리랑 고개를 넘어간다

2.
그래야지 그래야지
혼자 삶이 아닌 세상
웬만하면 넘어가는
아량으로 살아가세
그래야지 그래야지
얼씨구나 좀 더 좋다

부딪히면 틀어져서
소통의 길 막히나니
그러므로 눈 감아줘
참는 것이 상책일세
그래야지 그래야지
얼씨구나 좀 더 좋다

걸린 생각 비워내서
한결같이 사노라면
복이되어 돌아옴을
실감할 날 있을 걸세
그래야지 그래야지
좀 더 좋고 좀 더 좋다

얼씨구야 절씨구야
좀 더 좋고 좀 더 좋다
얼씨구야 절씨구야
좀 더 좋고 좀 더 좋다

아리랑 아리랑 아라리요
아리랑 고개를 넘어간다

마음

1.
시작도 없는 마음
끝남도 없는 마음

온통으로 드러나
언제나 같이 있어

어떤 것도 가릴 수
전혀 없는 그 마음

고고하고 당당한
영원한 마음일세

아리랑 아리랑 아라리요
아리랑 고개를 넘어간다
청천 하늘에 잔별도 많고
요내 가슴에는 희망도 많다

2.
모두를 마음으로
시도를 뭐든 해봐

안되는 일 없어서
사는 데 불편없고

하고프면 하면 돼
뜻 펼치는 삶이니

즐겁고도 즐거운
누리는 삶이로세

아리랑 아리랑 아라리요
아리랑 고개를 넘어간다
청천 하늘에 잔별도 많고
요내 가슴에는 희망도 많다

사는게 아리랑 고개

1.
이 마음이 내가 되니
나고 죽음 본래 없고
이리 보고 저리 봐도
허공까지 내 몸일세
신기하고 신기하다
신기하고 신기해

이 마음이 내가 되니
안 되는 일 전혀 없어
잡된 생각 사라지고
두려움도 없어졌네
신기하고 신기하다
신기하고 신기해

이 마음이 내가 되니
끝이 없이 자유롭고
잠 못 이룬 괴로움과
공황장애 흔적 없네
신기하고 신기하다
신기하고 신기해

아리랑 아리랑
아라리요
아리랑 고개를 넘어왔다

2.
이 마음이 내가 되니
맘 먹은 일 순조롭고
살아가는 나날들이
마음광명 누림일세
신기하고 신기하다
신기하고 신기해

이 마음이 내가 되니
마음광명 누림이라
나날들이 평화롭고
자신감이 넘쳐나네
신기하고 신기하다
신기하고 신기해

이 마음이 내가 되니
대인관계 순조로와
일일마다 즐거웁고
웃음꽃이 피어나네
신기하고 신기하다
신기하고 신기해

아리랑 아리랑
아라리요
아리랑 고개를 넘어왔다

불보살의 마음

1.
자비, 그 자비는 눈물이었네
불나방이 불을 좇듯 가는 이
그래도 못 잊어서 버리지 못해
저리는 저리는 가슴, 그 가슴 안고서
눈물, 피눈물로 저리 부르네

2.
자비, 그 자비는 눈물이었네
제 살 길을 저버리는 이들을
그래도 못 잊어서 버리지 못해
저리는 저리는 가슴, 그 가슴 안고서
눈물, 피눈물로 저리 부르네

나의 노래

1.
노세 노세 봄놀이하세
대천세계 이 봄 경치
한산 습득 친구 삼아
호연지기 즐겨볼까
얼씨구나 절씨구
아니나 즐기고 무엇하리

2.
노세 노세 봄놀이하세
걸음 좇아 이른 곳곳
문수 보현 벗을 삼아
화엄광장 춤춰볼까
얼씨구나 절씨구
아니나 즐기고 무엇하리

평화로운 삶

1.
이 몸을 나로 아는
하나의 실수로서
우주가 생긴 이래

얼마나 많은 고통
겪어들 왔었던가
치떨린 일이로세

뭘 해야 그 반복을
금생에 끊어버려
그 고통 벗어날까

생각코 생각하니
그 해결 내게 있네
마음이 나 된걸세

아리랑 아리랑 아라리요
아리랑 고개를 넘어간다
청천 하늘엔 잔별도 많고
이내 가슴엔 희망도 많다

2.
마음이 내가 되면
그 어떤 것이라도
더 이상 필요찮고

마음이 내가 되면
미묘한 갖은 공덕
스스로 갖춰 있고

마음이 내가 되면
그 모든 근심 걱정
씻은 듯 사라지고

마음이 내가 되면
이 생과 저 세상이
당초에 없는 걸세

아리랑 아리랑 아라리요
아리랑 고개를 넘어간다
청천 하늘엔 잔별도 많고
이내 가슴엔 희망도 많다

3.
마음이 내가 되면
어제와 내일 일을
눈 앞 일 알 듯하고

마음이 내가 되면
신분이 관계 없이
서로가 평등하며

마음이 내가 되면
모든 일 뜻을 따라
원만히 이뤄지고

마음이 내가 되면
걸림이 없는 그 삶
저절로 이뤄지네

아리랑 아리랑 아라리요
아리랑 고개를 넘어간다
청천 하늘엔 잔별도 많고
이내 가슴엔 희망도 많다

잘 사는 게 불법일세

1.
잘 사는 게 불법일세
우리 모두 관음보살 지장보살 생활 속에 모시면서
마음 비운 나날들로 바른 삶을 하노라면
불보살님 가피 속에 뜻 이뤄서 꽃을 피운
그런 날이 있을 걸세

2.
잘 사는 게 불법일세
우리 모두 관음보살 지장보살 생활 속에 모시면서
마음 비워 살아가며 시시때때 잊지 않고
참나 찾아 참구하는 그 정성도 함께하면
좋은 소식 있을 걸세

3.
잘 사는 게 불법일세
우리 모두 관음보살 지장보살 생활 속에 모시면서
틈틈으로 회광반조 사색으로 참나 깨쳐
화장세계 장엄하고 얼쉬얼쉬 어울리며
영원토록 웃고 사세

님은 아시리

1 부

1.
사계절의 풍광인들 위로되겠니
서사시의 음률인들 쉬어지겠니
뜻과 같이 되지 않아 기도에 젖은
이 마음 님은 아시리
한 세상 열정 쏟아 닦는 수행길
불보살님 출현하셔 베푼 자비에
모든 망상 모든 번뇌 없었으면 좋으련만
마음대로 안 되는 게 수행이더라, 수행이더라

2.
사계절의 풍광인들 위로되겠니
서사시의 음률인들 쉬어지겠니
뜻과 같이 되지 않아 기도에 젖은
이 마음 님은 아시리
청춘의 모든 욕망 사뤄버리고
회광반조 촌각 아낀 열정 쏟아서
이룬 선정 그 효력이 있었으면 좋으련만
마음대로 안 되는 게 보림이더라, 보림이더라

3.
사계절의 풍광인들 위로되겠니
서사시의 음률인들 쉬어지겠니
뜻과 같이 되지 않아 기도에 젖은
이 마음 님은 아시리
억겁의 모든 습성 꺾어보려고
갖은 노력 갖은 인내 온통 쏟아서
세월 잊은 보림 성취 있었으면 좋으련만
마음대로 안 되는 게 성불이더라, 성불이더라

2 부

1.
사계절의 풍광인들 비유되겠니
가릉빈가 음률인들 비교되겠니
뜻과 같이 자유자재 베풀어놓고
한없이 즐기시련만
그러한 대자유의 삶을 접고서
중생들을 구제하려 삼도에 출현
갖은 역경 어려움을 감내하는 자비로써
깨워주는 그 진리에 눈을 뜨거라, 눈을 뜨거라

2.
사계절의 풍광인들 비유되겠니
가릉빈가 음률인들 비교되겠니
뜻과 같이 자유자재 베풀어놓고
한없이 즐기시련만
억겁을 다하여도 끝이 없을 걸
알면서도 해내겠다 나선 님의 길
가시밭길 험난해도 일관하신 그 자비에
구류중생 깨달아서 정토 이루리, 정토 이루리

3.
사계절의 풍광인들 비유되겠니
가릉빈가 음률인들 비교되겠니
뜻과 같이 자유자재 베풀어놓고
한없이 즐기시련만
낙원의 모든 즐김 떨쳐버리고
삼악도를 낙원으로 이뤄놓겠다
촌각 아낀 그 열정에 모두 모두 감화되어
이 땅 위에 님의 소원 이뤄지리라, 이뤄지리라

도서출판 문젠(Moonzen Press)의 책들

출간 도서

바로보인 전등록 전 5권
바로보인 무문관
바로보인 벽암록
바로보인 천부경 · 교화경 · 치화경
바로보인 금강경
세월을 북채로 세상을 북삼아
영원한 현실
바로보인 신심명
바로보인 환단고기 전 5권
바로보인 선문염송 전 30권
앞뜰에 국화꽃 곱고 북산에 첫눈 희다
바로보인 증도가
바로보인 반야심경
선을 묻는 그대에게 1 · 2
바로보인 선가귀감
바로보인 법융선사 심명
주머니 속의 심경
바로보인 법성게
달다 -전강 대선사 법어집
기우목동가
초발심자경문
방거사어록
실증설
하택신회대사 현종기
불조정맥 - 한 · 영 · 중 3개국어판
바른 불자가 됩시다
누구나 궁금한 33가지
108진참회문 - 한 · 영 · 중 3개국어판
달마의 일할도 허락지 않는다
마음대로 앉아 죽고 서서 죽고
화두 3개국어판 - 한 · 영 · 중
바로보인 간당론
완전한 우리말 불공예식법
바로보인 유마경
실증설 5개국어판 - 한 · 영 · 불 · 서 · 중
누구나 궁금한 33가지 3개국어판
- 한 · 영 · 중
달마의 일할도 허락지 않는다
3개국어판 - 한 · 영 · 중
법성게 3개국어판 - 한 · 영 · 중
정법의 원류
바로보인 도가귀감
바로보인 유가귀감
화엄경 81권
바로보인 전등록 전 30권

출간예정 도서

바로보인 능엄경 제6권
바로보인 원각경
바로보인 육조단경
바로보인 대전화상주 심경
바로보인 위앙록
해동전등록 전 10권
말 밖의 말
언어의 향기
농선 대원 선사 선송집
진리와 과학의 만남
바로보인 5대 종교
금강경 야부송과 대원선사 토끼뿔
선재동자 참알 오십삼선지식
경봉선사 혜암선사 법을 들어 설하다
십현담 주해
불교대전
태고보우선사 어록

1. 바로보인 전등록 (전30권을 5권으로)

7불과 역대 조사의 말씀이 1,700공안으로 집대성되어 있는 선종 최고의 고전으로, 깨달음의 정수가 살아 숨쉬도록 새롭게 번역되었다.
464, 464, 472, 448, 432쪽.
각권 18,000원

2. 바로보인 무문관

황룡 무문 혜개 선사가 저술한 공안집으로 전등록, 선문염송, 벽암록 등과 함께 손꼽히는 선문의 명저이다.
본칙 48개와 무문 선사의 평창과 송, 여기에 역저자인 대원선사의 도움말과 시송으로 생명과 같은 선문의 진수를 맛보여 주고 있다.
272쪽. 12,000원

3. 바로보인 벽암록

설두 선사의 설두송고를 원오 극근 선사가 수행자에게 제창한 것이 벽암록이다.
이 책은 본칙과 설두 선사의 송, 대원선사의 도움말과 시송으로 이루어져, 벽암록을 오늘에 맞게 바로 보이고 있다.
456쪽. 15,000원

4. 바로보인 천부경

우리 민족 최고(最古)의 경전 천부경을 깨달음의 책으로 새롭게 바로 보였다. 이 책에는 81권의 화엄경을 81자에 함축한 듯한 천부경과, 교화경, 치화경의 내용이 함께 담겨 있으며, 역저자인 대원선사가 도움말, 토끼뿔, 거북털 등으로 손쉽게 닦아 증득하는 문을 열어 놓고 있다.
432쪽. 15,000원

5. 바로보인 금강경

대원선사의 『바로보인 금강경』은 국내 최초로 독창적인 과목을 내어 부처님과 수보리 존자의 대화 이면의 숨은 뜻을 드러내고, 자문과 시송으로 본문의 핵심을 꿰뚫어 밝혀, 금강경 전체를 손바닥 안의 겨자씨를 보듯 설파하고 있다.
488쪽. 15,000원

6. 세월을 북채로 세상을 북삼아

대원선사의 선시가 담긴 선시화집 『세월을 북채로 세상을 북삼아』는 선과 시와 그림이 정상에서 만나 어우러진 한바탕이다.
선의 세계를 누리는 불가사의한 일상의 노래, 법열의 환희로 취한 어깨춤과 같은 선시가 생생하고 눈부시게 내면의 소리로 흐른다.
180쪽. 15,000원

7. 영원한 현실

애매모호한 구석이 없이 밝고 명쾌하여, 너무도 분명함에 오히려 그 깊이를 헤아리기 어려운, 대원선사의 주옥같은 법문을 모아 놓은 법문집이다.
400쪽. 15,000원

8. 바로보인 신심명

신심명은 양끝을 들어 양끝을 쓸어버리는, 40대치법으로 이루어진, 3조 승찬 대사의 게송이다. 이를 대원선사가 바로 번역하는 것은 물론, 주해, 게송, 법문을 더해 통쾌하게 회통하고 자유자재 농한 것이 이 『바로보인 신심명』이다.
296쪽. 10,000원

9. 바로보인 환단고기 (전5권)

『바로보인 환단고기』 1권은 민족정신의 정수인 환단고기의 진리를 총정리하여 출간하였다. 2권에는 역사총론과 태초에서 배달국까지 역사가 실려 있으며, 3권은 단군조선, 4권은 북부여에서부터 고려까지의 역사가 실려 있다. 5권에는 역사를 증명하는 부록과 함께 환단고기 원문을 실었다. 344 · 368 · 264 · 352 · 344쪽. 각권 12,000원

10. 바로보인 선문염송 (전30권)

선문염송은 세계최대의 공안집이다. 전 공안을 망라하다시피 했기에 불조의 법 쓰는 바를 손바닥 들여다보듯 하지 않고는 제대로 번역할 수 없다. 대원선사는 전 공안을 바로 참구할 수 있게끔 번역하고 각 칙마다 일러보였다. 352 368 344 352 360 360 400 440 376 392 384 428 410 380 368 434 400 404 406 440 424 460 472 456 504 528 488 488 480 512쪽. 각권 15,000원

11. 앞뜰에 국화꽃 곱고 북산에 첫눈 희다

대원선사의 선문답집으로 전강 · 경봉 · 숭산 · 묵산 선사와의 명쾌한 문답을 실었으며, 중앙일보의 <한국불교의 큰스님 선문답> 열 분의 기사와 기자의 질문에 대한 대원선사의 별답을 함께 실었다.
200쪽. 5,000원

12. 바로보인 증도가

선종사에 사라지지 않을 발자취로 남은 영가 선사의 증도가를 대원선사가 번역하고 법문과 송을 더하였다.
자비의 방편인 증도가의 말씀을 하나하나 쳐가는 선사의 일갈이야말로 영가 선사의 본 의중과 일치하여 부합하는 것이라 아니할 수 없다.
376쪽. 10,000원

13. 바로보인 반야심경

이 시대의 야부(冶父)선사, 대원선사가 최초로 반야심경에 과목을 붙여 반야심경 내면에 흐르는 뜻을 밀밀하게 밝혀놓고 거침없는 송으로 들어보였다.
264쪽. 10,000원

14. 선(禪)을 묻는 그대에게 (전10권 중 2권)

대원선사의 선수행에 대한 문답집.

깨달아 사무친 경지에 대한 밀밀한 점검과, 오후보림에 대한 구체적인 수행법 제시와, 최초의 무명과 우주생성의 원리까지 낱낱이 설한 법문이 담겨 있다.
280쪽, 272쪽. 각권 15,000원

15. 바로보인 선가귀감

선가귀감은 깨닫고 닦아가는 비법이 고스란히 전수되어 있는 선가의 거울이라 할 만하다. 더욱이 바로보인 선가귀감은 매 소절마다 대원선사의 시송이 화살을 과녁에 적중시키듯 역대 조사와 서산대사의 의중을 꿰뚫어 보석처럼 빛나고 있다.
352쪽. 15,000원

16. 바로보인 법융선사 심명

심명 99절의 한 소절, 한 소절이 이름 그대로 마음에 새겨두어야 할 자비광명들이다.
이 심명은 언어와 문자이면서 언어와 문자를 초월한 일상을 영위하게 하는 주옥같은 법문이다.
278쪽. 12,000원

17. 주머니 속의 심경

반야심경은 부처님이 설하신 경 중에서도 절제된 경으로 으뜸가는 경이다. 대원선사의 선송(禪頌)도 그 뜻을 따라 간략하나 선의 풍미를 한껏 담고 있다. 하루에 한 소절씩을 읽고 참구한다면 선 수행의 지름길이 될 것이다.

84쪽. 5,000원

18. 바로보인 법성게

법성게는 한마디로 화엄경의 핵심부를 온통 훤출히 드러내놓은 게송이다. 짧은 글 속에 일체의 법을 이렇게 통렬하게 담아놓은 법문도 드물 것이다.
이렇게 함축된 법성게 법문을 대원선사가 속속들이 밀밀하게 설해놓았다.
176쪽. 10,000원

19. 달다 - 전강 대선사 법어집

이제는 전설이 된 한국 근대선의 거목인 전강 선사님의 최상승법과 예리한 지혜, 선기로 넘쳤던 삶이 생생하게 담겨 있는 전강 대선사 법어집 〈달다〉!
전강 대선사님의 인가 제자인 대원선사가 전강 대선사님의 법거량과 법문, 일화를 재조명하여 보였다.
368쪽. 15,000원

20. 기우목동가

그 뜻이 심오하여 번역하기 어려웠던 말계 지은 선사의 기우목동가!
대원선사가 바른 뜻이 드러나도록 번역하고, 간결한 결문과 주옥같은 선송으로 다시 보였다.
146쪽. 10,000원

21. 초발심자경문

이 초발심자경문은 한문을 새기는 힘인 문리를 터득하게 하기 위하여 일부러 의역하지 않고 직역하였다.
대원선사의 살아있는 수행지침도 실려 있다.
266쪽. 10,000원

22. 방거사어록

방거사어록은 선의 일상, 선의 누림을 보여주는 대표적인 선문이다. 역저자인 대원선사는 방거사어록의 문답을 '본연의 바탕에서 꽃피우는 일상의 함'이라 말하고 있다. 법의 흔적마저 없는 문답의 경지를 온전하게 드러내 놓은 번역과, 방거사와 호흡을 함께 하는 듯한 '토끼뿔'이 실려 있다.
306쪽. 15,000원

23. 실증설

이 책은 대원선사가 2010년 2월 14일 구정을 맞이하여 불자들에게 불법의 참뜻을 보이기 위해 홀연히 펜을 들어 일시에 써내려간 법문을 모태로 하였다. 실증한 이가 아니고는 설파할 수 없는 성품의 이치를 자문자답과 사제간의 문답을 통해 1, 2, 3부로 나눠 실증하여 보이고 있다.
224쪽. 10,000원

24. 하택신회대사 현종기

육조대사의 법이 중국천하에 우뚝하도록 한 장본인, 하택신회대사의 현종기. 세간에 지해종도(知解宗徒)로 알려져 있는 편견을 불식시키는 뛰어난 깨달음의 경지가 여기에 담겨있다. 대원선사가 하택신회대사의 실경지를 드러내고 바로보임으로써 빛냈다.
232쪽. 10,000원

25. 불조정맥 - 韓·英·中 3개국어판

석가모니불로부터 현 78대에 이르기까지 불조정맥진영(佛祖正脈眞影)과 정맥전법게(正脈傳法偈)를 온전하게 갖춘 최초의 불조정맥서. 대원선사가 다년간 수집, 정리하여 기도와 관조 끝에 완성한 『불조정맥』을 3개국어로 완역하였다.
216쪽. 20,000원

26. 바른 불자가 됩시다

참된 발심을 하여 바른 신앙, 바른 수행을 하고자 해도, 그 기준을 알지 못해 방황하는 불자님들을 위해 불법의 바른 길잡이 역할을 하도록 대원선사가 집필하여 출간하였다.
162쪽. 10,000원

27. 누구나 궁금한 33가지

21세기의 인류를 위해 모든 이들이 가장 어렵고 궁금해 하는 문제, 삶과 죽음, 종교와 진리에 대한 바른 지표를 제시하고자 대원선사가 집필하여 출간하였다.
180쪽. 10,000원

28. 108진참회문 - 韓·英·中 3개국어판

전생의 모든 악연들이 사라져 장애가 없어지고, 소망하는 삶을 살게 하기 위해 대원선사가 10계를 위주로 구성한 108 항목의 참회문이다. 한 대목마다 1배를 하여 108배를 실천할 것을 권한다.
170쪽. 15,000원

29. 달마의 일할도 허락지 않는다

대원선사의 짧고 명쾌한 법문집.
책을 잡는 순간 달마의 일할도 허락지 않는 선기와 맞닥뜨리게 될 것이다. 때로는 하늘을 찌를 듯한 기세와, 때로는 흔적 없는 공기와도 같은 향기를 일별하기를…
190쪽. 10,000원

30. 마음대로 앉아 죽고 서서 죽고

생사를 자재한 분들의 앉아서 열반하고 서서 열반한 내력은 물론 그분들의 생애와 법까지 일목요연하게 수록해놓았다.
446쪽. 15,000원

31. 화두 3개국어판 – 韓·英·中

『화두』는 대원선사의 평생 선문답의 결정판이다. 생생하게 살아있는 선(禪)을 한·영·중 3개국어로 만날 수 있다. 특히 대원선사의 짧은 일대기가 실려 있어 그 선풍을 음미하는 데에 큰 도움을 주고 있다.
440쪽. 15,000원

32. 바로보인 간당론

법문하는 이가 법리를 모르고 주장자를 치는 것을 눈먼 주장자라 한다. 법좌에 올라 주장자 쓰는 이들을 위해서 대원선사가 간당론에서 선리(禪理)만을 취하여 『바로보인 간당론』을 출간하였다.
218쪽. 20,000원

33. 완전한 우리말 불공예식법

부처님께 공양을 올리고 불보살님의 가피를 구하는 예법 등을 총칭하여 불공예식법이라 한다. 대원선사가 이러한 불공예식의 본뜻을 살려서 완전한 우리말본 불공예식법을 출간하였다.
456쪽. 38,000원

34. 바로보인 유마경

유마경은 불법의 최정점을 찍는 경전이라 할 것이니, 불보살님이 교화하는 경지에서의 깨달음의 실경과 신통자재한 방편행을 보여주는 최상승 경전이다. 대원선사가 〈대원선사 토끼뿔〉로 이 유마경에 걸맞는 최상승법을 이 시대에 다시금 드날렸다.
568쪽. 20,000원

35. 실증설
5개국어판 - 韓 · 英 · 佛 · 西 · 中

대원선사가 불법의 참뜻을 보이기 위해 홀연히 펜을 들어 일시에 써내려간 실증설! 실증한 이가 아니고는 설파할 수 없는 도리로 가득한 이 책이 드디어 영어, 불어, 스페인어, 중국어를 더하여 5개국어로 편찬되었다.
860쪽. 25,000원

36. 누구나 궁금한 33가지
3개국어판 - 韓 · 英 · 中

누구라도 풀어야 할 숙제인 33가지의 의문에 대한 답을 21세기의 현대인에게 맞는 비유와 언어로 되살린 『누구나 궁금한 33가지』가 한글, 영어, 중국어 3개국어로 출간되었다.
408쪽. 15,000원

37. 달마의 일할도 허락지 않는다 3개국어판 - 韓·英·中

대원선사의 짧고 명쾌한 법문집인 『달마의 일할도 허락지 않는다』가 한글, 영어, 중국어 3개국어로 출간되었다. 전세계에서 유일하게 활선의 가풍이 이어지고 있는 한국, 그 가운데에서도 불조의 정맥을 이은 대원선사가 살활자재한 법문을 세계로 전하고 있는 책이다.
308쪽. 15,000원

38. 화엄경 (전81권)

대원선사는 선문염송 30권, 전등록 30권을 모두 역해하여 세계 최초로 1,463칙 전 공안에 착어하였다. 이러한 안목으로 대천세계를 손바닥의 겨자씨 들여다보듯 하신 불보살님들의 지혜와 신통으로 누리는 불가사의한 화엄세계를 열어 보였다.
220쪽. 각권 15,000원

39. 법성게 3개국어판 - 韓·英·中

법성게는 한마디로 화엄경의 핵심부를 훤출히 드러내 놓은 게송으로 짧은 글 속에 일체 법을 고스란히 담아 놓았다. 대원선사의 통쾌한 법성게 법문이 한영중 3개국어로 출간되었다.
376쪽. 15,000원

40. 정법의 원류

『정법의 원류』는 불조정맥을 이은 정맥선원의 소개서이다. 정맥선원은 불조정맥 제77조 조계종 전강 대선사의 인가 제자인 대원 전법선사가 주재하는 도량이다. 『정법의 원류』를 통해 정맥선원 대원선사의 정맥을 이은 법과 지도방편을 만날 수 있다.
444쪽. 20,000원

41. 바로보인 도가귀감

도가귀감은, 온통인 마음〔一物〕을 밝혀 회복함으로써, 생사를 비롯한 모든 아픔과 고를 여의어, 뜻과 같이 누려서 살게 하고자 한 도교의 뜻을, 서산대사가 밝혀놓은 책이다. 대원선사가 부록으로 도덕경의 중대한 대목을 더하고, 그 대목대목마다 결문(決文)하였다.
218쪽. 12,000원

42. 바로보인 유가귀감

유가귀감은 서산대사가 간추려놓은 구절로서, 간결하지만 심오하기 그지없으니, 간략한 구절 속에서 유교사상을 미루어볼 수 있게 하였다. 대원선사가 그 뜻이 잘 드러나게 번역하고 그 대목대목마다 결문(決文)하였다.
236쪽. 15,000원

43. 바로보인 전등록 (전30권)

7불로부터 52세대까지 1,701명 선지식의 깨달음의 진수가 담긴 전등록 30권에 농선 대원 선사가 선리(禪理)의 토끼뿔을 더해 닦아 증득하는데 도움이 되도록 하였다.
288쪽. 각권 15,000원

농선 대원 선사 법문 mp3 주문 판매

* 천부경 : 15,000원
* 신심명 : 30,000원
* 현종기 : 65,000원
* 기우목동가 : 75,000원
* 반야심경 : 1회당 5,000원 (총 32회)
* 선가귀감 : 1회당 5,000원 (총 80회)
* 금강경 : 40,000원
* 법성게 : 10,000원
* 법융선사 심명 : 100,000원

농선 대원 선사 작사 CD 주문 판매

* 가슴으로 부르는 불심의 노래 1,2,3집
  각 : 1만 5천원
* 유튜브에서 채널 구독하시고 무료로
  찬불가 앨범을 감상하세요

주문 문의 ☎ 031-534-3373

유튜브에서 채널 구독하시고
무료로 찬불가 앨범을 감상하세요

유튜브에서 MOONZEN을 검색하시거나
아래의 주소로 접속해주세요

http://www.youtube.com/user/officialMOONZEN